Kulturelle Evolution und die Rolle von Memen

PHILOSOPHISCHE GRUNDLAGEN DER WISSENSCHAFTEN UND IHRER ANWENDUNGEN

PHILOSOPHICAL FOUNDATIONS OF THE SCIENCES AND THEIR APPLICATIONS

Herausgegeben von / Edited by Gerhard Schurz

BD./VOL. 4

Zu Qualitätssicherung und Peer Review der vorliegenden Publikation

Notes on the quality assurance and peer review of this publication

Die Qualität der in dieser Reihe erscheinenden Arbeiten wird vor der Publikation durch den Herausgeber der Reihe geprüft.

Prior to publication, the quality of the work published in this series is reviewed by the editor of the series.

Karim Baraghith

Kulturelle Evolution und die Rolle von Memen

Ein Mehrebenenmodell

PETER LANG
EDITION

Bibliografische Information der Deutschen Nationalbibliothek
Die Deutsche Nationalbibliothek verzeichnet diese Publikation
in der Deutschen Nationalbibliografie; detaillierte bibliografische
Daten sind im Internet über http://dnb.d-nb.de abrufbar.

ISSN 2191-3706
ISBN 978-3-631-66610-4 (Print)
E-ISBN 978-3-653-05917-5 (E-Book)
DOI 10.3726/ 978-3-653-05917-5

© Peter Lang GmbH
Internationaler Verlag der Wissenschaften
Frankfurt am Main 2015
Alle Rechte vorbehalten.
Peter Lang Edition ist ein Imprint der Peter Lang GmbH.

Peter Lang – Frankfurt am Main · Bern · Bruxelles ·
New York · Oxford · Warszawa · Wien

Diese Publikation wurde begutachtet.

www.peterlang.com

Inhaltsverzeichnis

Einleitung

Der Gedanke, die Entwicklung von Lebewesen und die Entwicklung von Gesellschaften ließe sich auf sehr ähnliche Weise beschreiben, reicht zurück bis in die Antike. An sprachlichen Metaphern und Analogien zwischen sozialen und biologischen Systemen mangelte es dabei nie. Seit der Begründung der Evolutionstheorie kann dieser alte Gedanke innerhalb einer neuen Fragestellung umformuliert werden: Durchlaufen auch Gesellschaften eine echte Evolution, eine *kulturelle Evolution* (KE)? Dass sich Kulturen auf bestimmte Art und Weise entwickeln und dass dabei sowohl Mikro- als auch Makromechanismen untersucht werden können, steht außer Frage. Wie hoch aber ist der explanatorische Wert *evolutionärer Erklärungen* für sich innerhalb der Kultur entwickelnde Systeme wirklich einzuschätzen?

Die Evolutionstheorie Charles Darwins ist eine mächtige Theorie bezüglich der Erklärung historischer Phänomene in den Lebenswissenschaften. In der theoretischen Biologie wird seit langer Zeit nicht mehr darüber debattiert, ob die biologisch-genetische Evolution (BE) eine akademisch akzeptable Theorie ist – dies wird im Allgemeinen vorausgesetzt. Seit einigen Jahren jedoch wird die Evolutionstheorie von vielen sich *außerhalb* der klassischen Naturwissenschaften befindlichen Fachrichtungen so verallgemeinert und formalisiert, dass sie in gänzlich neuen Gebieten Anwendung findet. Funktionale Prinzipien wie *Variation, Selektion* und *Reproduktion* können als abstrakte Eigenschaften dynamischer Systeme verstanden werden und sind somit multirealisierbar. Besonders in der Anthropologie, Psychologie, den Sozial- und Kulturwissenschaften, aber auch der theoretischen Hirnforschung, der Philosophie des Geistes und der Wissenschaftsphilosophie existieren mittlerweile zahlreiche Arbeiten und Kritiken zu diesem neuen Paradigma, welches der Philosoph und Naturwissenschaftler Gerhard Schurz als *verallgemeinerte Evolutionstheorie* bezeichnet. Disziplinen wie die Soziobiologie, evolutionäre Erkenntnistheorie, evolutionäre Psychologie und evolutionäre Spieltheorie sind letztlich allesamt Spielarten eines allgemeinen Grundmodells, eines mittlerweile interdisziplinären Paradigmas. Philosophisch betrachtet ist die Evolutionstheorie ein theoretisches Modell, auf dass mittels Abduktion geschlossen wurde.

Sie ist gegenwärtig die beste Erklärung, welche wir für die Entwicklung des Lebens im Allgemeinen und der genetischen Entwicklung im Besonderen haben. Es muss sich zeigen, ob dieses Faktum auch im Bereich kultureller Phänomene zutreffend ist.

Erkenntnis- und Argumentationsziel

Die folgende Arbeit wird sich in der Hauptsache mit den Mikromechanismen der kulturellen Evolution auseinandersetzen, wobei der Begriff Kultur dabei sehr weit gefasst ist und keinerlei normativen Beigeschmack aufweist. Kultur ist – in dieser Lesart – kein Zeichen menschlichen Fortschritts oder anderer humanistisch-aufklärerischer Ideale. Kultur ist schlicht ein sehr komplexer kumulativer Prozess, in welchem Informationen zwischen Akteuren ausgetauscht werden und bei Letzteren auf diese Information zurückführbare Überzeugungen und vor allem Verhaltensweisen begründen. Bestimmte Verhaltensweisen scheinen dabei erfolgreicher, also zahlreicher, zu sein als andere. Warum dies so ist und ob es eine evolutionäre Erklärung dafür geben könnte, wird Gegenstand der Untersuchung sein. Der Erkenntnisziel lautet demnach: *Finden wir in der menschlichen Kultur einen evolutionären Prozess?* Um diese Frage zu klären wird, wie sich zeigt, einiges an begrifflicher Definitionsarbeit nötig werden. Es sei bereits angemerkt, dass sich dieser Frage primär auf epistemisch-explanatorischem Wege genähert werden wird; weniger wird es um die Beantwortung einer ontologischen Fragestellung oder der Beschreibung einer naturgesetzlichen Notwendigkeit gehen. Die Frage kann also bescheidener umformuliert werden: *Ist es uns zum gegenwärtigen Zeitpunkt möglich, uns an einer theoretischen Erklärung kultureller Phänomene zu versuchen, welche eine evolutionäre Struktur aufweist?* Ob in der Welt an sich tatsächlich eine kulturelle Evolution stattfindet, kann und soll nicht Teil der Beantwortung sein, vielmehr jedoch, ob es auf explanatorische Art Sinn macht, eine solche als Hypothese für darauf aufbauende (empirische) Forschung anzunehmen. Nur in einem Zusammenspiel aus Theorie und Empirie kann eine valide Erklärung für kulturelle Phänomene abgegeben werden. Es genügt nicht, eine in sich widerspruchsfreie Theorie zu entwickeln, sie muss auch anwendbar, ferner müssen die in ihr erarbeiteten theoretischen Begriffe empirisch identifizierbar sein – je konkreter sie werden, desto besser.

Ich werde dafür argumentieren, dass wir einen in der Kultur stattfindenden Prozess beobachten und beschreiben können, welcher die Auflagen für einen echten evolutionären Prozess erfüllt.

Hierzu wird zunächst, **in Kapitel 1**, gezeigt, dass für die Gesellschaft zwei Dinge zutreffen: Erstens ist der kulturelle Prozess ein ergebnisoffener Prozess, ein Faktum, welches der Komplexität oder besser, der Hyperkomplexität geschuldet ist. Zweitens handelt es sich bei der Kultur um einen Prozess, welcher als autonom von der biologischen Evolution oder der individuellen Kognition zu betrachten ist, obgleich es häufig zu Überschneidungen kommen kann. Kulturelle Phänomene, etwa die Entwicklung von Sprachen, Brauchtum oder Institutionen, sind interpersonelle Phänomene und ihre Stabilität (bzw. Instabilität) über die Generationen hinweg sind in vielen Fällen weder durch genetische Konkurrenz, noch durch die individuellen kognitiven Leistungen einzelner Kulturteilnehmer zu erklären. Einen von diesen Faktoren autonomen kulturellen Entwicklungsprozess im Rahmen einer Kulturtheorie anzunehmen, ist also sinnvoll.

In **Kapitel 2** wird eine solche Theorie, die *Memtheorie*, kritisch untersucht. Es wird sich herausstellen, dass es vor allem darauf ankommt, die theoretischen Begriffe exakt zu definieren, genauer zu bestimmen, was genau in der kulturellen Evolution *evolviert*. Sind es Menschen, kulturelle Artefakte, Verhaltensweisen, Gehirne, Bedeutungen oder persönliche Überzeugungen? Postulierte Entitäten gleich welcher Art müssen verschiedene Identitätskriterien erfüllen, vorausgesetzt man will nicht allein von ideellen kleinsten kulturellen Einheiten (Memen) ausgehen, welche eine (in diesem Fall sehr theoretische) kulturelle Evolution durchlaufen. In einem solchen Fall hätte die Theorie nämlich kaum einen Bezug zur Empirie und stünde somit einer metaphysischen Spekulation, einer analogistischen Metapher biologischer Phänomene weitaus näher, als einer echten überprüfbaren Hypothese, Es wird sich zeigen, dass es viele Möglichkeiten gibt ein Mem als kleinste kulturelle Einheit zu definieren, sich aber nur eine einzige in der Literatur vorgefundene Definition als brauchbar erweist, eine echte theoretische Grundlage für die kulturelle Evolution zu bieten, welche dann im Detail von verschiedenen Wissenschaften untersucht werden könnte. Eine philosophische Arbeit muss diese begriffliche Arbeit vorab leisten.

Als der Biologe Richard Dawkins die Memtheorie begründete, sprach er von der Imitation als dem grundlegenden Prozess der Weitergabe kultureller Information. **Kapitel 3** bietet für diese – wie sich zeigen wird – nicht unproblematische Annahme eine Alternative an und zwar in Form der „Epidemiology of representations", einer vom Anthropologen und

Kognitionswissenschaftler Dan Sperber begründeten Hypothese, welche sowohl kulturelle als auch psychologische Erklärungselement enthält. Die Grundlage bietet hier eine Unterscheidung zwischen *mentalen* und *öffentlichen Repräsentationen,* wobei vor allem die transformative Ausbreitung letzerer die menschliche Kultur hervorbringe. Auf welche Weise genau dies geschieht und welche in der Memtheorie auftretenden Probleme Sperbers Theorie löst, welche Fragen sie andererseits aber auch offenlässt, ist zu untersuchen.

Kapitel 4 wird schließlich in einer explanatorischen Zusammenführung des bisher in der Arbeit Erörterten bestehen und zwar in der Form eines metatheoretischen Modells der verallgemeinerten Evolutionstheorie. In diesem *Mehrebenenmodell* (MM) wird – dem Erkenntnisziel entsprechend – besonderer Wert auf die kulturelle Ebene gelegt, aber auch andere evolutionäre Ebenen, wie die psychologische und biologische kurz angeschnitten. Kritiken, welche an in den vorherigen Kapiteln dargestellten Theorien geäußert wurden – insbesondere an der Memtheorie – werden aufgenommen und berücksichtigt. Von besonderem Interesse werden zur Konstitution der kulturellen Evolution, bestehend aus behavioral definierten Memen, im Rahmen des Mehrebenenmodells auch Aspekte der sozialen Kognition und Umwelteinflüsse sein, welche als *epimemetische Faktoren* eine zentrale Funktion erfüllen. Auf diese Weise wird ein drohender Dualismus zwischen Kultur und Kognition vermieden, welcher sich aus einer behavioralen Definition kultureller Basiseinheiten ergeben könnte. Auch der Gedanke der sogenannte *phänotypischen Erweiterung* wird angesprochen und in das Modell integriert. Durch das vierte Kapitel wird die sehr interdisziplinär gehaltene Arbeit mit einem metatheoretischen und damit philosophischen Modell beendet.

1. Evolution auf mehreren Ebenen

1.1 Natur und Kultur

In der westlichen Philosophiegeschichte stand der Begriff der Natur (und deren Entwicklung) fast immer im Gegensatz zu Mensch, Kultur oder Technik. Diese Einstellung ändert sich momentan zugunsten der Stellung des Menschen und seiner Kultur als einem Teil der Natur. Eine Dichotomie ist dabei aufgehoben zu werden. Der Gegensatz zwischen *Nomos* und *Physis* („Gesetz, Norm" und „Natur") bildete, als repräsentatives Beispiel, den Mittelpunkt der antiken Naturrechtsdiskussion. Aristoteles beschrieb Natur als das, was den Ursprung seiner Bewegung, seiner Entwicklung und Reproduktion in sich selbst trägt, wohingegen Kultur nur durch den Menschen bewegungs- und entwicklungsfähig gemacht werden kann.[1] Menschliches Kulturvermögen als Fertigkeit *(Techné)* sei dabei wesentlich Nachahmung natürlich ablaufender Prozesse oder ein „zu Ende bringen" dessen, was die Natur nicht vollenden konnte. Es ist ersichtlich, dass die letztgenannte Aussage ein völlig anderes Naturverständnis erfordert, als es heutigen Erkenntnissen entspricht. Es impliziert ein teleologisches Element, eine Finalursache, ein Ziel der Natur bzw. – bezieht man Darwin mit ein – der Evolution. Es ist an mittlerweile vielen Stellen betont worden, dass teleologische Annahmen im Naturgeschehen nicht zulässig sind (vgl. u. a. Dennett 1995: 23ff.). In der organischen Evolution, dem historischen Entwicklungsprozess aller lebenden Organismen, gibt es keine Ziele oder Pläne. Aristoteles *„causa finalis"* entpuppte sich als anthropozentrische vorwissenschaftliche Fehldeutung.

Bei Immanuel Kant ist die Dichotomie Natur/Kultur bereits schwächer ausgeprägt, keineswegs aber negiert. Der Mensch ist als kulturschaffendes Wesen ein Endzweck der Natur, geht also aus ihr hervor, auch wenn er sich von ihr gleichsam unterscheidet. Wiederum stoßen wir auf ein teleologisches Element (vgl. Kant 1977: 387). Dabei ist mit diesem Endzweck der Natur die moralische Fähigkeit des Menschen zu Kants berühmtem *kategorischem Imperativ* verbunden: *„Handle nur nach derjenigen Maxime, durch die du*

---

1 vgl. Aristoteles: Physik, Buch II – Über die Natur [1829], S. 26–30.

zugleich wollen kannst, dass sie ein allgemeines Gesetz werde. " Ein solches allgemeines Gesetz als moralisches Prinzip anzuerkennen, gehört zur Kultur. Es ist dieser Leitsatz des moralischen Handelns, der den Menschen einerseits von der Natur trennt. Andererseits obliegt es ihm jedoch, als Endziel der Natur, dieses moralische Prinzip zu verfolgen. Kultur ist also „Vervollkommnung" von Natur, sehr ähnlich wie schon bei Aristoteles (s. o.). Ohne diesen moralischen Leitsatz vermag der Mensch sich bloß technologisch fortzuentwickeln, Zivilisation entstehen zu lassen. Erstmals bei Kant stoßen wir hier also auf einen Unterschied zwischen Kultur und Zivilisation – ein Unterschied, den die folgende Arbeit jedoch kaum berücksichtigt. Ohne ein (vorgegebenes) metaphysisches Endziel, ist also auch bei Kant Kultur nicht denkbar.

Im neunzehnten Jahrhundert entwickelte sich die wissenschaftliche Anthropologie. Edward B. Tylor war einer ihrer Pioniere, sein Werk *„Primitive Culture"* (1871) beginnt mit dem Satz:

> *"Culture or Civilization, taken in its wide ethnographic sense, is that complex whole which includes knowledge, belief, art, morals, law, custom, and other capabilities and habits acquired by man as a member of a society"* (Tylor 1958 [1871]: 1).

Diese Definition ist historisch deswegen bedeutsam, weil sie erstmals implizit einen Unterschied zwischen angeborenem (natürlichem) und erlerntem (kulturellem) Verhalten macht. Kultur wird „erworben", sie ist nicht schon vorhanden und wartet auf ihre Vollendung.

Es war Charles Darwin, dem es auf empirischem und explanatorischem Wege gelang, Teleologie auf Nichtteleologie, und damit *„design"* auf *„order"* zu reduzieren (Dennett 1995: 65). Nimmt man an, dass es sich bei der von ihm beschriebenen Evolution um einen universal anwendbaren algorithmischen Prozess handelt, so ist er *substratneutral* und auf jedes System, welches die *relevanten Faktoren* aufweist, anwendbar. Es wird in dieser Arbeit angenommen, dass in der Kultur eben diese Faktoren zu finden sind. Ein genereller Gegensatz von Natur und Kultur wird daher im Folgenden nicht mehr herausgehoben und beschrieben, er wird dementiert, zugunsten einer evolutionären, und damit letztlich naturalistischen Beschreibung des kulturellen Bereiches. Diese explanatorische Zusammenführung zweier auf den ersten Blick sehr verschiedenen Weltausschnitte, bedeutet jedoch nicht, dass sie begrifflich aufeinander zu reduzieren sind, wie dies die frühe Soziobiologie und die evolutionäre Psychologie, durch Bezugnahme auf genetische

Konkurrenz und Nischenbildung, behaupteten. Diese Annahmen – die eines fehlenden grundsätzlichen Gegensatzes zwischen Natur und Kultur und die der Autonomie des kulturellen Evolutionsprozesses – (beide Prämissen sind grundlegend für das weitere Vorgehen), werden im folgenden Unterkapitel untermauert, bevor im Detail auf den Prozess selbst eingegangen wird.

Zu Beginn sei noch angemerkt, dass in der folgenden Arbeit der Begriff „Kultur" in einem recht allgemeinen Sinn verstanden und verwendet wird. In jedem Fall entzieht er sich einer normativen Aufladung[2] und kann weitestgehend synonym zum soziologischen Begriff der „Gesellschaft", welcher ebenfalls sehr weit gefasst ist, verstanden und somit auch durch den Begriff „soziokulturell" ersetzt werden, was jedoch aus Platzgründen nicht immer geschieht. In den Blick genommen wird in der folgenden Arbeit besonders das *kulturelle Verhalten,* welches auf naturalistische Weise betrachtet werden wird. Es sei allgemein definiert als die generationenübergreifende Stabilität von ontogenetisch erworbenen Verhaltensmustern in ihrer kommunikativen Dynamik (vgl. Sperber & Claidiére 2008). Kommunikation wiederum sei genau jenes Verhalten, welches einen Organismus dazu befähigt, zeitweilig mit einem anderen Organismus eine beobachtbare Einheit höherer Ordnung zu bilden. Es sei angemerkt, dass nicht nur Menschen zu *erlerntem Kommunikationsverhalten* und somit zu Kultur fähig sind, allerdings fertigen sie in einem exponentiell höheren Maße als andere Tierarten externalisierte kulturelle Artefakte an und betreiben somit *Umweltinduktion.*

Als „kulturell" werden also all jene kommunikativen Verhaltenseinheiten und daraus resultierenden Artefakte bezeichnet, welche vom Menschen durch Lernen erworben – demnach nicht genetisch vererbt – wurden, und seine soziale Umwelt konstituieren. Dies sind Elemente aus Überlieferung, Technik, besonders Sprache, aber auch Gestik, Politik, Wirtschaft, Kunst, Wissenschaft, allgemein zugänglichem Gedankengut, Alltagspsychologie oder Architektur (vgl. Plotkin 2000: 74). Das diese gesellschaftlichen Subsysteme jeweils spezifische und *im Detail* kaum vergleichbare Mechanismen der Ausbreitung ihrer Inhalte aufweisen, und somit quantitative Resultate (kulturwissenschaftliche „*hard facts*") stets Gegenstand empirischer Forschung sein müssen, steht dabei nicht zur Diskussion.

---

2 Anders als im Falle von etwa „Esskultur", „Lebenskultur", „Diskussions- oder Schreibkultur", Begriffe welche stets einen normativen Beigeschmack aufweisen.

1.2 Kulturelle Evolution

Den Evolutionsgedanken auf soziokulturelle Entwicklung anzuwenden, ist historisch betrachtet keine gänzlich neue Idee, was natürlich für sich genommen noch keinen Schluss auf ihre Richtigkeit zulässt. Bereits William James (1880) hat den Darwinismus auf geistige und kulturelle Veränderung übertragen. Er tat dies in Auseinandersetzung mit den psychologischen und soziologischen Theorien Herbert Spencers, die er als zu lamarckistisch ansah:

> „A remarkable parallel, which to my mind has never been noticed, obtains between the facts of social evolution and the mental growth of the race, on the one hand, and of zoological evolution, as expounded by Mr. Darwin, on the other."
> (James 1880: 441)

Dieser Gedanke, der u. a. in der aktuellen Mem-Theorie[3], aber auch (schon weit früher) in der Denkschule des Sozialdarwinismus mit all seinen Folgen mündete, muss keineswegs zwangsläufig im Sinne des Letzteren gelesen werden. Das theoretische Zusammenführen der Begriffe „Kultur" und „Evolution" erzeugt allerdings noch heute, gerade in den Geisteswissenschaften, einen oftmals negativen Beigeschmack. Die grundlegenden Fehler des Sozialdarwinismus Ernst Haeckels, Herbert Spencers und anderen Denkern des 19. und des frühen 20. Jahrhunderts (denen sich James seinerzeit schon bewusst war) sind an anderer Stelle ausführlich beschrieben worden (vgl. Schurz 2011: 174). Auch ist der Schluss von einer kulturellen Evolution auf die Eugenik keineswegs zwingend, die folgenden Ausführungen zeigen aufgrund der Irreduzibilität gleichsam das Gegenteil, auch ist der Begriff der biologischen „Rasse" (ganz besonders im normativen Sinne) völlig überflüssig in einer wissenschaftlichen Theorie kultureller Evolution, da diese eben zum größten Teil nicht auf biologischen Prinzipien beruht.

Donald T. Campbells evolutionäre Erkenntnistheorie beinhaltete eine Theorie der kulturellen Evolution (vgl. Campbell 1965). Eine neuere populationsgenetische Ausrichtung fanden derlei Bestrebungen in den Koevolutionstheorien von Cavalli-Sforza & Feldman (1981), Boyd &

---

3   Die Memtheorie ist allerdings insofern nicht mit anderen früheren darwinisti-schen Theorien zu vergleichen, da sie eine besondere Version des Darwinismus voraussetzt, nämlich die Genselektion (vgl. Dawkins 2007).

Richerson (1985) und Durham (1991). Gegenstand dieser populationsgenetischen Ansätze ist nicht nur die Distribution von kulturellen Einheiten, sondern auch die phylogenetische Interaktion zwischen Kultur und Natur, z. B. wie die Verbreitung bestimmter landwirtschaftlicher Praktiken die Verbreitung bestimmter Gene beeinflusste.

Eder (2004) sieht in der KE einen wissenschaftlich-philosophischen Ansatz, der sowohl die Probleme teleologischer Geschichtsauffassungen (wie sie etwa in den Werken Hegels oder Marx zu finden sind) als auch die Erklärungsversuche der menschlichen Kultur durch intentionale Handlungserklärungen oder soziobiologische Ansätze in sich aufnimmt, korrigiert und bessere Lösungen anbietet, ohne dabei dem (gefürchteten) Reduktionismus anheimzufallen. Der entscheidende Mechanismus ist hier die *Abduktion*, also der Schluss auf die beste Erklärung.

Mesudi, Whiten und Laland (2006) legen in ihrem Aufsatz der Kulturanthropologie und anderen Kulturwissenschaften nahe, die KE als grundlegende theoretische Struktur und Basis für alle weitere Kulturforschung zu adoptieren, Sperber (1996, 2008) argumentiert in eine ähnliche Richtung. Bisher zeigt das Unternehmen mäßigen Erfolg, wie Barkow (2006) beschreibt. Schurz geht gar soweit, in der KE einen *„idealen Kandidaten für ein übergreifendes Paradigma der Lebens-, Human-, und Sozialwissenschaften"* (Schurz 2011: 206) zu erblicken.

1.3 Der evolutionäre Algorithmus

Um die Multirealisierbarkeit des Evolutionsprozesses in verschiedenen beobachtbaren Weltausschnitten möglichst abstrakt zu verdeutlichen, prägte Daniel Dennett den Begriff „evolutionärer Algorithmus" (EA), auf den sich zahllose Autoren bezogen. Im Kapitel *„natural selection as an algorithmic process"* (Dennett 1995: 48ff.) führt er aus, dass in Charles Darwins Hauptwerk (Darwin, 1859)[4] dieser Gedanke bereits auftauchte. Ein Algorithmus ist – sehr abstrakt formuliert – ein mathematischer Prozess,

---

4 Darwins Buch *„Die Evolution der Arten durch natürliche Zuchtwahl"* (1859) ist, unter dieser Prämisse, ein einziges konditionales Argument: **Wenn** es Lebewesen gibt, die in ihrer Form untereinander variieren und **wenn** es eine Selektion dahingehend gibt, dass nur einige überleben und **wenn** die Überlebenden all das an ihre Nachkommen weitergeben, was ihnen beim Überleben behilflich war,

bei dem aus bestimmten Bedingungen (oder Modulen) ein bestimmtes Resultat folgt. Die praktische Umsetzung einer solchen Prozessstruktur führte aus der formalen Logik in die Informatik und den Bau von Computern. Jedes Computerprogramm ist ein Algorithmus. Dieser folgt im Allgemeinen dem konditionalen *„wenn...dann"* Schema in Form simpler Ausführungsoptionen. Ein *evolutionärer Algorithmus* (EA) im speziellen besteht immer aus folgenden Modulen:

- **Reproduktion:** Es existieren Entitäten, welche sich anhand bestimmter Merkmale neu erschaffen, also Kopien ihrer selbst herstellen, wobei jeder Reproduktionsvorgang zu einer neuen „Generation" führt.
- **Variation:** Die Reproduktion bringt Variationen (geringfügige Unterschiede, Kopierfehler) mit sich, die mit kopiert werden. Somit sorgt Variation für Novitäten, ohne sie käme es zu einer *ewigen Wiederkehr des Gleichen.*
- **Selektion:** Da die Umweltressourcen, mittels derer die Reproduktion erfolgt, stets begrenzt sind und niemals unbegrenzt verfügbar, können nicht alle Entitäten sich unbegrenzt kopieren. Nur die am besten an die *Selektionsparameter* der Umwelt angepassten, bringen es auf lange Sicht fertig, in Gestalt von Kopien zahlreich zu werden (Erhöhung der Fitness), alle anderen werden mit der Zeit weniger zahlreich (schwache Selektion) und verschwinden unter Umständen ganz (starke Selektion).[5]

---

dann müssen die Nachkommen im Schnitt besser als ihre Eltern an diejenige Umwelt angepasst sein, in der die Selektion stattfand.

5 Eine weitere mögliche Unterscheidung ist die zwischen *aufbauender* und *bewahrender Selektion* (Millikan 1993: 46f.). Aufbauende Selektion sorgt dafür, dass die Häufigkeit einer Variation zunimmt, bewahrende sorgt dafür, dass dies auch so bleibt. Nur wenn also der Selektionsdruck hinreichend hoch bleibt, verliert eine Variante nicht ihre ursprüngliche evolutionäre *Funktion.* Ich halte diese Unterscheidung für wenig hilfreich, da ihre einzige Begründung in der Annahme einer „funktionellen Nützlichkeit" bestimmter Variationen besteht. Einen wirklichen Unterschied zwischen aufbauender und bewahrender Selektion gibt es aber nicht, da Nützlichkeit – in diesem Sinne also Normalfunktion (*„proper function"*) – nur ein Selektionsparameter unter vielen darstellt und wir uns außerdem gefährlich nahe an einem Adaptionismus befinden. Viele (die meisten?) Variationen jedoch sind präsent, wurden nicht ausselektiert und haben dennoch überhaupt keine Funktion, welche „bewahrt" werden müsste. Somit führen diese

Dennett weist darauf hin, dass wir es (logisch betrachtet) immer dann mit einem evolutionären System zu tun haben, sobald diese drei *Module* gegeben sind. Was Dennett (ebd.) nicht erwähnt, ist eine bestimmte Kerneigenschaft des EA (ähnlich wie die „Substratneutralität"), nämlich die *Rekursivität*. Sie geht aus keinem der drei benannten Module allein logisch hervor, dabei ist sie absolut zentral für das Verständnis von Evolution. Rekursivität bedeutet, dass dieselbe Sequenz von Einzelschritten immer wieder auf das Zwischenergebnis angewandt wird. Durch diese Art des Bezugs auf Vergangenes entsteht durch Rückkopplungseffekte aus vielen *lokalen* Phänomenen schließlich ein *globales* Ergebnis, dass nicht intrinsisch aus den Einzelschritten abgeleitet oder vorherbestimmt werden kann (vgl. Schurz 2011: 133), da immer wieder kontingente Phänomene in der zurückgelegten Richtung des Prozesses (ob diese "zufällig" sind, sei der Interpretation vorbehalten) vorkamen. Rekursivität ist in der biologischen Evolution (BE) ebenso wichtig wie bei Computerprogrammen. Sehr ähnlich verhält es sich bei Organismen, auch sie wirken auf den Beobachter, hier allerdings stets ein externer, wie *ein* globales System, bestehen aber in Wirklichkeit aus Myriaden kleinster, sich selbst reproduzierender und sogar untereinander konkurrierender Teilstrukturen.

Evolution ist also das „*garantierte Resultat*" des Prozesses, oder anders ausgedrückt: Es folgt begrifflich aus dem Auftreten dieser drei Module (gepaart mit der Rekursivität), dass es sich um echte Evolution handelt. Dabei spielt es keine Rolle, auf welchem System der Algorithmus realisiert wird, was dem Gedanken seine enorme explanatorische Kraft verleiht. Es dauerte, historisch bis zum Jahre 1859, bis die Menschheit (genauer gesagt Darwin) diesen Prozess erstmals auf die Entwicklung des organischen Lebens anwandte und somit *logisch* die Reduzierbarkeit eines planvollen teleologischen Prinzips oder eines „*intelligent design*" auf eben diese drei Module aufzeigte. Komplexität entsteht bei der Anwendung nach dem „*bottom-up*" – Prinzip.

Der EA macht dadurch die Evolution zu einem *funktionalen Prozess*, welcher auf sich allein gestellt zwar unausweichlich ist, uns aber aufgrund seiner abstrakten Natur noch nicht viel über die uns umgebende Welt erzählt. Von besonderem Interesse wird daher die Frage, wo genau in

---

Begriffe eine Unterscheidung ein, wo es in den allermeisten Fällen in der Praxis gar keine gibt.

unserer Welt ein solcher EA de facto bereits realisiert wurde und warum bestimmte Merkmale positiv, andere jedoch negativ selektiert wurden. Mögliche Kandidaten hierfür sind die Gene, das Immunsystem, Strukturen im Gehirn, mentale Repräsentationen (Sperber 1996) oder die menschliche Kultur. In der Genetik konnte der EA im Labor und bei der Erforschung komplexer Organismen viele Male unabhängig voneinander bestätigt werden und damit die Evolutionstheorie praktisch ohne die Möglichkeit eines Restzweifels erhärten. Auch in den Computer- und Wirtschaftswissenschaften finden EAs zur Modellierung seit langem vielfältige Anwendung (vgl. Merz 2000: 23ff.), sowie auch in der evolutionären Robotik (Steels 2011). In diesem Zusammenhang werden anhand von Simulationsprogrammen, welche heuristische Such- und Optimierungsverfahren beinhalten, auch Phänomene wie Selbstorganisation und Schwarmintelligenz untersucht. Grundsätzlich können EAs in allen Bereichen eingesetzt werden,[6] in denen numerische Lösungen von Optimierungsproblemen gesucht werden. Diese werden analog zur Biologie durch Suchoperatoren wie Mutation oder Rekombination zufällig verändert. Auch bei der Programmierung neuronaler Netze in den Kognitionswissenschaften trifft man auf EAs, etwa als Alternative zu klassischen Lernverfahren bei der Gewichtungsoptimierung (Weicker: 30). In der Informatik wird grundsätzlich zwischen genetischen Algorithmen, Evolutionsstrategien, evolutionärem- oder genetischem Programmieren unterschieden (ebd.).

Jeder Evolutionsprozess muss einer bestimmten Tendenz, einer bestimmten Richtung der selektiven Parameter folgen, ansonsten ist es begrifflich nicht plausibel, den Terminus „Evolution" zu verwenden. Wie ist das gemeint? Die Richtung eines evolutionären Prozesses wird von der Variation und der Selektion bestimmt, beide geschehen ihrerseits zufällig. Variation ist ein systeminterner Faktor, Selektion dagegen ein externer und hat ihre Wurzeln in der Umwelt, nicht im evolutionären System selbst (zumindest in den meisten Fällen). Wenn sich jedoch die Umwelt zu schnell wandelt und daher keinerlei selektive Tendenz erkennbar ist, ist das, was nun stattfindet, keine Evolution mehr. Dieser Gedanke beinhaltet natürlich nicht

---

6   Eine sehr detaillierte und für Laien verständliche Einführung in die Funktionsweise von EAs bietet der Informatiker Karsten Weicker: (http://www.imn. htwk-leipzig.de/~weicker/publications /sctreff_ea.pdf).

den Fehlschluss, evolutionäre Prozesse hätten ein vorgegebenes Ziel oder folgten gar einer Intention. Es sind, epistemisch betrachtet, *„quasiteleologische"* (Schurz 2011: 135) Prozesse mit erkennbarer Richtung, aber ohne erkennbares *Ziel*.

1.4 Belege für einen autonomen kulturellen Evolutionsprozess (KE)

Kulturelle Entwicklung zu belegen, erfordert ein im Kern etwas anderes Verfahren, als dies bei der biologischen Entwicklung der Fall ist. Musste sich letztere lange Zeit – in vielen Teilen der Welt bis heute – gegen rivalisierende religiöse und weltanschauliche Theorien[7] über den Ursprung und die Entwicklung des Lebens bis hin zum modernen Menschen behaupten, so ist erstere ein allgemein akzeptiertes Phänomen. Dieses wird der aktiven sozialen Tätigkeit des Menschen zugeschrieben, anders als der Ursprung und die Entwicklung des Lebens (wenn eine solche überhaupt angenommen wurde und nicht etwa eine Konstanz der Arten seit einem festgelegten Schöpfungsmoment). Menschliche Kulturen und Gesellschaften durchliefen in den letzten 10 000 Jahren eine Entwicklung, welche durch Funde nachvollziehbar, in späteren Phasen (ab ca. 800 v.Chr.) teilweise sogar schriftlich fixiert worden ist. Niemand wird also bestreiten, dass Kultur sich entwickelt, zu zeigen ist nun allerdings, dass diese Entwicklung nach einem evolutionären Prinzip geschieht.

Eine autonome KE anzunehmen erfordert jedoch ebenfalls eine Auseinandersetzung mit rivalisierenden und älteren Theorien, welche von sich behaupten, gesellschaftliche Entwicklung besser beschreiben und vor allem, erklären zu können. Im Wesentlichen sind dies naturalistische Theorien der biologisch-genetischen Entwicklung aus der Soziobiologie[8] und ihren akademischen Ablegern, etwa der evolutionären Psychologie[9] oder

---

7 Allein die Anerkennung dieses Gedankens, eines „Wettstreites" unter wissenschaftlichen, bzw. vorwissenschaftlichen Theorien legt einen evolutionären Prozess nahe, vgl. u. a. Kuhn, 1967.

8 Für E.O. Wilson ist jedes kulturelle Phänomen letztlich durch die menschlichen Gene determiniert (vgl. Wilson 1998: 171).

9 Tooby und Cosmides (1992: 89f.) sehen in sozialen Konstruktionen lediglich unterschiedliche Inputs für dieselben genetischen Verhaltensmechanismen.

aber unterschiedliche Rollen- und/ oder Handlungstheorien aus den Sozial- und Kulturwissenschaften. Es muss u. a. gezeigt werden, dass sich mess- und überprüfbare kulturelle Phänomene nicht auf oben genannte Ansätze reduzieren lassen, nur auf diese Weise kann und darf (aus Gründen der *Parsimonität*) ein autonomer gesellschaftlicher Evolutionsprozess überhaupt angenommen werden. Dies wird der erste und grundlegende Schritt der vorliegenden Arbeit sein, auf den dann alles Weitere aufzubauen ist. Es stellt sich nun zunächst die Frage, warum gerade die Darwin'sche Evolutionstheorie die *beste Erklärung*[10] für kulturelle Phänomene und deren Entwicklung bietet und warum sich Kultur nicht vollständig durch genetische „Bedürfnisse", dem „Pflegen von Tradition"[11] oder individuelle Einzelleistungen historischer Persönlichkeiten erklären lässt.

1.4.1 Nichtreduzierbarkeit der kulturellen auf die biologische Evolution

Vier Argumente,[12] das *„biologisch-neurogenetische Argument"*, das *„Schnelligkeitsargument"*, die *„Nichtdeterminiertheit der KE"* und die *„Diversität möglicher kultureller Pfade"*, auf die im Folgenden kurz eingegangen werden soll, zeigen die Unmöglichkeit einer Reduktion kultureller Phänomene allein auf genetischen Wettstreit, wie dies u. a. die frühe Soziobiologie annahm. Wenn der Prozess der Kulturentwicklung also darwinistisch beschrieben werden soll, so handelt es sich bei ihm um einen

---

10 *Abduktion* ist der „Schluss auf die beste Erklärung" und wird in der Wissenschaftstheorie von der *Deduktion* und der *Induktion* unterschieden. Während deduktiv nur die Ermittlung logisch gültiger Sätze (tautologische Wahrheiten) möglich ist, so sind mittels Induktion Zukunftsprognosen möglich. Allerdings ist der Schluss auf *neue theoretische Begriffe*, und damit Hypothesengenerierung induktiv nicht möglich, hierfür wird abduktiv geschlossen, also von einer beobachteten Wirkung auf eine vermutete Ursache unter Einführung neuer Begriffe. Die biologische Evolution, die Urknalltheorie, das kopernikanische Weltbild oder das bohrsche Atommodell wurden mittels Abduktion erschlossen (vgl. Schurz 2011: S. 27f.).

11 Das deutsche Wort „Kultur" leitet sich etymologisch vom lateinischen Verb „colere" ab, welches *„wohnen, pflegen, verehren, den Acker bestellen"* bedeutet. Daher lautet eine mögliche Interpretation von Kultur auch „Pflege der Tradition".

12 Zusammengefasst bei Schurz 2011: 198ff.

von der BE autonomen Prozess, auch wenn Wechselwirkungen durchaus vorkommen können und letztlich „Brückengesetze" nötig machen, will man im Rahmen eines einheitlichen Paradigmas arbeiten.

Das *„biologisch-neurogenetische Argument"* (vgl. Lumsden & Wilson 1981: 335; Changeux 2005: 77f.) soll zeigen, dass die Komplexität des menschlichen Genoms zu gering ist, um die neuronale Vernetzung (und damit kulturbedingende Verhaltensmöglichkeiten) zu erklären. Was haben Gene mit Verhaltensverursachung zu tun? In erster Linie synthetisieren Gene Proteine und es liegt keineswegs auf der Hand, wie aus diesem auf molekularer Ebene ablaufenden Prozess echtes (kulturbedingendes) Verhalten auf einer anderen Betrachtungsebene entsteht, auch wenn dies oftmals stillschweigend vorausgesetzt wird. Dennoch besteht eine starke Intuition, verkörpert durch den Forschungszweig der Verhaltensgenetik, dass genetische Prozesse in hohem Maße verhaltensrelevant seien (vgl. Wuketis 1997: 116). Aber *determinieren* die Gene auch das Verhalten? Bei einigen Lebensformen wie etwa Bakterien oder auch schon komplexeren wie Schwämmen oder Insekten mag dies zutreffend sein, das Fress- und Paarungsverhalten des Spulwurms *(Caenorhabditis elegans)* etwa liegt den Genetikern in codierter Form bereits vor. Studien zeigen, dass ein Großteil des Verhaltens dieser Lebensform genetisch gesteuert ist, diese also auf einfache Sinnesreize mit bestimmtem Verhalten reagieren, ein klassischer Input-Output Mechanismus. Bei Betrachtung des enorm komplexen Aufbaus eines Ameisenstaates ist man versucht, auf echtes intelligentes Verhalten der einzelnen Mitglieder zu schließen. Diese Arthropoden können im Schwarm Probleme lösen und Verhalten zeigen, welches ohne Intelligenz kaum vorstellbar ist (wie etwa das Überqueren von Gewässern, das Anlegen von Verkehrswegen, Ackerbau von Pilzen, Viehzucht von Blattläusen, Kommunikation und Täuschung über Pheromone u.v.m.). Es ist jedoch absolut gewiss, dass keines der einzelnen Tiere – die Königin eingeschlossen – sich dieser komplexen Prozesse bewusst ist oder über neuronale Korrelate für dies intelligente Schwarmverhalten verfügt. Ihr zugegeben höchst beeindruckendes Einzelverhalten ist komplett genetisch gesteuert.[13] Ein weiteres Beispiel für

---

13 Ein gutes Beispiel für die Emergenz von Eigenschaften höherer Ordnung im Rahmen sozialer Systeme. Selbstverständlich sind diese Eigenschaften explanatorisch und nicht ontologisch relevant. Zum Verhalten der Ameisen vgl. Dawkins 2007: 409, 411ff. und 303ff.

Verhaltensweisen, die offenbar rein genetisch gesteuert sind, ist das Verhalten bestimmter Arten von Honigbienen.[14] Es kommt vor, dass sie von Brutfäule befallen werden. Ihre Strategie, eine Ausbreitung zu verhindern, besteht im Lokalisieren und Entfernen der betroffenen Larven. Die Arbeiterinnen müssen hierfür den Wachsverschluss von der Wabe lösen, die Larve herausziehen und aus dem Stock werfen. Durch bewusste Kreuzung zeigte sich, dass es getrennte Anlagen für das Öffnen der Deckel einerseits und das Entfernen der Larven andererseits gibt. Es wurden Exemplare gezüchtet, die entweder nur den Deckel entfernten, die kranke Larve jedoch an ihrem Platz ließen oder diese nur dann herauszogen, wenn der Deckel zuvor schon entfernt worden war. Es sind also die Gene, welche dieses Verhalten steuern. Die Tatsache, dass das Handeln der Bienen gegen die Brutfäule genetisch verankert ist, spricht für ein Wettrüsten der Bienen gegen die Krankheitserreger, welches wahrscheinlich bereits Millionen von Jahren währt, denn andernfalls wäre die verhaltensrelevante Information noch nicht durch langsame Mutation und Selektion in den Genpool übergegangen. Wie aber verhält es sich bei Wesen mit ungleich komplexerem Nervensystem und Verhaltensrepertoire wie etwa *Homo Sapiens?*

Hier nun beginnt das *biologisch-neurogenetische Argument.* Das menschliche Gehirn weißt ca. 10^{11} Neuronen auf, von denen nach vorsichtiger Schätzung etwa jedes zehntausendste aktiv genutzt wird. Damit hätte man eine mögliche Zweiervernetzung zwischen 10^7 Neuronen, also 10^{14} Verbindungen, welche die Anzahl der knapp 10^{11} Basenpaare der menschlichen DNA bereits bei weitem übersteigt (vgl. Changeux 2005: 76f.). Abgesehen davon werden in der Realität weitaus mehr als nur zwei Neuronen miteinander vernetzt, was die Komplexität nochmals enorm potenziert. Dieses (im Grunde triviale) Argument soll zeigen, dass die geistige „Software" nicht in den Genen einprogrammiert sein kann, widerlegt jedoch keineswegs die weiterführende These, dass die bei verschiedenen Individuen sehr unterschiedliche neuronale Landschaft durch unterschiedliche Umwelteinflüsse zu erklären ist, welche auf dieselbe genetische Ausstattung einwirken. Aufgrund angeborener Lernprogramme führen diese Einflüsse zu unterschiedlichen Gehirnzuständen und in weiterer Folge zu

---

14 Das Folgende, Vgl. Wegener (1997): 19f.

unterschiedlichen kulturellen Strukturen. Letztere seien jedoch aufgrund der prinzipiellen genetischen Determiniertheit nur als begrenzte und voraussagbare Variationen in einem genetisch vorgegebenen „kulturellen Möglichkeitsraum" zu verstehen. Kurz: Das biologisch-neurogenetische Argument weißt also zwar direkten, nicht jedoch indirekten genetischen Reduktionismus zurück.

Das „*Schnelligkeitsargument*" hingegen stellt sich auch dieser Möglichkeit. Boyd und Richerson (2000) wiesen in umfangreichen Untersuchungen auf die ungleich höhere Geschwindigkeit der KE im Vergleich zur BE hin. Auch Tomasello (1999) stellte sich die Frage, wie sich die Spezies *Homo Sapiens*, die entwicklungsgeschichtlich von früheren Hominiden und ihren Vettern den Schimpansen nur 200 000 Jahre bzw. 2 Mio. Jahre entfernt ist, und zudem 98–99% genetisch identisch mit diesen, in so hohem Maße in der Lebensweise unterscheiden könne. Ein ähnliches Beispiel findet sich nirgendwo sonst im Tierreich.

Die Annahme eines zweiten kumulativen Evolutionsprozesses, der KE, deren Geschwindigkeit die BE um das 1 000 bis 10 000 -fache übersteigt, vermag das zu erklären, ebenso wie Blackmore (1999: 121ff.) zufolge, die schnelle Gehirnentwicklung. Es fällt nämlich schwer, die *Encephalisation* und die damit einhergehenden kognitiven und kulturellen Fähigkeiten, allein mithilfe genetischer Selektion zu erklären. Grund dafür ist der verhältnismäßig kurze Zeitraum, in dem sich die Entwicklungen ereigneten, denn die BE benötigt lange Zeiträume, um selektionsrelevante Eigenschaften beim Phänotyp hervorzurufen. Gerade die lange Wachstumsphase des Gehirns nach der Geburt (*sekundäre Altrizialität*) macht aber den Unterschied im Denkvermögen zwischen dem Menschen und seinen frühen Vettern und Vorfahren aus, da das Potential für mehr und komplexere Arten der neuronalen Verbindungen gegeben ist. Vergleichsstudien zeigen, dass Menschen- und Affenbabys einen gewissen Zeitraum zu denselben kognitiv-sozialen Leistungen imstande sind, ja die Affenjungen sind sogar mitunter besser. Nach einigen Monaten jedoch „überflügeln" die menschlichen Babys ihre Vettern um ein vielfaches, und ihre kognitiv-soziale Weiterentwicklung erstreckt sich bis hin zur Pubertät. Den Fossilien nach zu urteilen, waren die *Australopithecinen*, eine Primatengattung die als direkte Vorfahren des modernen Menschen angesehen werden (das berühmteste Fossil dieser Spezies trägt den Namen „Lucy"), nicht intelligenter als heute lebende Menschenaffen, wie Schimpansen oder Gorillas. Sie zeigen nur einen mäßigen Anstieg der Hirnkapazität von 400 cm³ vor vier Millionen Jahren zu 500 cm³ vor ungefähr zwei Millionen Jahren. Die Gehirngröße der Gattung *Homo* stieg rasch an, von 600 cm³ bei *Homo habilis* vor ca. zwei Millionen Jahre auf 900 cm³ bei dem frühen *Homo erectus* vor 300 000 Jahren. Das Gehirn von *Homo erectus* erlangte jedoch nicht die Proportion des Gehirns von modernen Menschen, welche im Durchschnitt 1350 cm³ beträgt, war aber größer als das der lebenden nichtmenschlichen Primaten (vgl. Changeux 2005: 73). Es gibt also sowohl phylo- als auch ontogenetische Evidenzen für eine enorm beschleunigte Entwicklung des menschlichen Denkvermögens, insbesondere im Bereich der sozialen Kognition, welches notwendig war für jede historisch belegbare Kultur. Allerdings ist mit dem Schnelligkeitsargument noch nicht gezeigt, dass es sich im Falle der KE wirklich um einen *ergebnisoffenen* Prozess handelt. Es wäre ja denkbar, dass die genetische Ausstattung des Menschen ihm einen begrenzten kulturellen Möglichkeitsspielraum lässt, darüber hinaus allerdings nichts „Neues" entstehen kann.

Das „Argument der Nichtdeterminiertheit der KE" zeigt jedoch, dass es sich bei der Annahme, gleiche oder ähnliche Umwelten müssten bei gleichen oder ähnlichen genetischen Lebewesen eine gleiche oder ähnliche Kulturentwicklung hervorrufen um eine kaum haltbare Position handelt. Kulturvergleichende empirische Studien (Salomon 1992, Boyd und Richerson 2001: 145f.), u.a. bäuerlicher Dorfgemeinschaften in den USA weisen auf völlig unterschiedliche kulturelle Trends bei sehr ähnlicher Umwelt hin. Ähnliche Untersuchungen existieren auch bestimmte chinesische Heiratspraktiken betreffend, wo gleiche Umgebungen und nahezu identisches Erbgut zu völlig anderen Heirats- und Beziehungspraktiken führen (vgl. Wolf 2008: 234f.). Vergleichbare Umwelten (also genetische „Erfordernisse") kombiniert mit ähnlicher genetischer Ausstattung bedingen an sich also noch keine kulturelle Ähnlichkeit, auch wenn dieser Fall natürlich vorkommen kann. Die Intuition der frühen Soziobiologie, die Gene gäben durch ihre Ausdifferenzierung einen begrenzten Möglichkeitsraum für kulturelles Verhalten und kulturelle Inhalte vor, bzw. determinierten dieses vollständig, trifft also wahrscheinlich nicht zu. Kulturelle Entwicklungen liegen weitgehend außerhalb des genetischen Einflussbereichs, welcher sich in einem über die biologischen Generationen andauernden Optimierungsprozess äußert. Dies kann dadurch bewiesen werden, dass in menschlichen Kulturen Verhaltensweisen auftreten und sogar über lange Zeiträume positiv selektiert werden, welche völlig maladaptiv für die Gene der betroffenen Personen sind (s. u.).

Als Fortführung dieses Gedankens weißt das „Argument der Diversität möglicher kultureller Pfade" (Sperber 1996: 119ff.) die soziobiologische Annahme zurück, der zufolge bestehende kulturelle Errungenschaften stets optimale Lösungen genetischer Umweltanpassungen darstellen und sich somit (bei gleichen oder ähnlichen genetischen Voraussetzungen) an mehreren Stellen unabhängig voneinander entwickelten. Zwar gibt es, empirisch betrachtet, solche Beispiele, aber sie stellen überraschenderweise eher eine Ausnahme als eine allgemeine Tendenz dar. Grundlegende kulturelle Verhaltensweisen und Artefakte wie z. B. der Ackerbau oder das Alphabet wurden wahrscheinlich nur einmal erfunden und dann durch Migration und Imitation unter den Völkern weitergegeben (Cavalli-Sforza 2001: 109). Diese Sichtweise ist relativ neu, aber es spricht einiges für sie. Genvergleichende Untersuchungen können belegen, dass kulturelles Wissen, den Ackerbau betreffend, durch Migrationswellen aus dem „fruchtbaren Halbmond" im nahen Osten transferierte.[15] Der Ackerbau war also nicht, wie früher oft behauptet, ein notwendiges Mittel, um in Generationen mit hoher Geburtenrate Hungersnöte zu vermeiden (Neirynck 1998). Das zeitliche Gegenteil ist der Fall: dort wo die Technologie des Ackerbaus kulturell Fuß fasste (was eine kontingente Tatsache darstellt), nahmen sowohl Bevölkerung als auch Ausdifferenzierung der Gesellschaft anschließend zu. Jäger und Sammler, deren Anzahl sich umweltbedingt stets in Passung zum ökologischen Gleichgewicht ihres Lebensraumes befand, wurden dadurch in den folgenden Jahrtausenden mehr und mehr zurückgedrängt.

In diesem Zusammenhang darf auch der Begriff der „genetischen Leine" nicht unerwähnt bleiben, ein mittlerweile weitbekanntes Schlagwort, erstmals geprägt von Lumsden und Wilson (1981) und dann vielfach rezipiert. Grundgedanke und Ergebnis ihrer Untersuchungen war, dass sämtlich kulturelle Errungenschaften letztlich daher erfolgreich waren, da

---

15 Dies gilt jedoch nicht für Mittel- und Südamerika, wo der Ackerbau ebenfalls Verbreitung fand, die letzte Migrationswelle aus Eurasien allerdings vor 10 000 v. Chr. abgeschlossen war. Allerdings weist er auch völlig andere Strukturen auf, beispielsweise wurde das Rad dort nie erfunden, und keine Nutztiere zum Pflügen verwendet.

sie genetische Vorteile für die kulturtragenden Individuen bedeuteten, mit anderen Worten, die genetische Fitness ist letztlich entscheidend für die Fitness kultureller Objekte und Handlungen. Von dieser klassischen Sichtweise ist Abstand zu nehmen, sie ist durch empirische Beispiele falsifiziert. Der Anschaulichkeit halber sei das Beispiel der Foré – eines Hochlandstammes auf Neuguinea – angeführt, bei denen wiederholter Kannibalismus in Verbindung ihrer Begräbnisriten vorkam. Die Männer des Stammes verzehrten aufgrund ihrer Vorliebe für Schweinefleisch während der heiligen Zeremonien stets viel weniger vom Menschenfleisch, die aufgrund der patriarchalischen Gesellschaftsform benachteiligten Frauen und Kinder weniger Schweinefleisch und mehr Menschenfleisch (vgl. Durham 1991). Diese Praxis führte immer wieder zu einer epidemischen Ausbreitung degenerativer oftmals tödlicher Hirnerkrankungen, überwiegend bei den Frauen und Kindern. Trotzdem hielt sich die Tradition über Jahrhunderte, was ein gutes Beispiel dafür ist, wie ein maladaptives, sogar letales genetisches Merkmal in der Kultur vorherrschend bleibt. Ein anderes anschauliches Beispiel ist das Zölibat bei katholischen Priestern oder eine modebedingte und auf Imitation beruhende Suizidwelle (ausgelöst z. B. in Deutschland nach 1774 durch W. Goethes Werk „*Die Leiden des jungen Werther*"). Das Prinzip der „genetischen Leine" funktioniert hier nicht, nur eine Theorie einer völlig von den genetischen Vorgaben (etwa: „Überlebe, Organismus und gib deine Gene weiter!") autonomen kulturellen Entwicklung scheint ein solches Verhalten erklären zu können.

Es folgt aus den vorangegangenen Überlegungen, dass sich eine theoretische Reduktion der KE auf die BE allem Anschein nach als nicht möglich erweist.

1.4.2 Nichtreduzierbarkeit der KE auf individuelle kognitive Leistungen oder soziale Rollentheorien

Auch wenn sich die KE nicht auf die Aktivität von Genen reduzieren lässt, so gelingt dies vielleicht mit kognitiven Aspekten des Menschen? Vielleicht reicht es völlig aus, Gehirn und Geist vollends zu verstehen, um Kultur erklären zu können. Evolutionspsychologen wie Tooby und Cosmides (1992: 88) behaupten allerdings: „*Für sich alleine genommen, bilden biologische oder psychologische Theorien keine Kulturtheorien und können es auch gar nicht tun. Sie liefern lediglich die Grundlagen der Kulturtheorie.*"

Das folgende Unterkapitel soll zeigen, dass der Versuch einer Reduzierung von Kultur auf den psychologisch-kognitiven Bereich keinen Erfolg zeitigt. Warum? Weil dieser Bereich selbst allem Anschein nach auf keine „solide" Grundlage gestellt werden kann. Der menschliche Geist weist nämlich ein quasi unendliches kreatives Potential auf. Er scheint, logisch betrachtet, kaum in seinen Möglichkeiten begrenzbar. Mit „Kreativität" ist an dieser Stelle weniger künstlerische oder intuitive, sondern vor allem *logische Kreativität* gemeint. Geht man von einem Möglichkeitsraum kultureller Muster aus, welcher reduzibel ist auf kognitive Zustände seiner Mitglieder, so wäre dieser „*hyperkomplex*" (vgl. Schurz 2011: 201f.), d. h., sein Inhalt wächst mit der Anzahl der kognitiven Parameter einzelner „Kulturteilnehmer" exponentiell an, so dass auch in sehr langen Zeiträumen stets nur ein kleiner Teil, etwa im Rahmen einer Simulation, durchlaufen werden kann. Besonders in vier kognitiven Bereichen ist die *logische Kreativität* anschaulich demonstrierbar:

- **Syntaktische Kreativität:** Bei Sprachen hinreichender Komplexität können durch rekursive Formenbildungsregeln aus einem endlichen Grundvokabular unendlich viele Sätze gebildet werden. Daher ist es auch, wie Noam Chomsky (1968) vielleicht als erster erkannte, für ein Kind niemals möglich, alle Regeln und Sätze einer Sprache zu erlernen und korrekt anzuwenden, sondern sie durch „verborgene" kognitive Prozesse selbst zu bilden, eine Theorie, welche als „Transformationsgrammatik" bekannt wurde und historisch betrachtet einer der Hauptverantwortlichen für die Wende vom Behaviorismus zum Kognitivismus war. Auch Steven Pinker (1994) argumentierte später in diese Richtung und postulierte einen „Sprachinstinkt". Viele Grammatiken lebender Sprachen scheinen auf einer gemeinsamen Basis aufzubauen. Verschiedene Parameter erlauben der Sprache, zu variieren. Das Setzten derselben erklärt die Universalität und Schnelligkeit des Spracherwerbs, trotz der obskuren Komplexität dessen, was grammatikalisch richtig ist und was nicht. Ohne es gelernt zu haben, können Kinder einen einmal erlernten Prozess ableiten und verallgemeinert auf andere Situationen anwenden, es ist ihnen möglich, die phonologische Struktur von Äußerungen zu erfassen. Ruth G. Millikan (2003: 108) nimmt diese linguistischen Erkenntnisse zum Anlass, der KE (in Form von Memen) einen völlig von der menschlichen Kognition oder deren propositionalen Einstellungen unabhängigen kulturellen Selektionsdruck zuzuschreiben (s. u. Kapitel 2.4.).

- **Semantische Kreativität:** In der Prädikatenlogik können mithilfe eines endlichen Grundvokabulars, welches sowohl Relationen als auch Quantoren enthält, nicht nur unendlich viele Sätze, sondern auch unendlich viele paarweise nicht äquivalente Propositionen bzw. unterschiedliche Sachverhalte (in der wittgensteinschen Tradition) ausgedrückt werden. Auch innerhalb des Versuchs, eine überzeugende Theorie mentaler Repräsentationen zu formulieren, begegnet uns dieses Problem in etwas anderer Form. Beim Menschen ist die Zahl potentieller Überzeugungen nämlich unendlich groß, wie wir beim Philosophen Thomas Metzinger lesen. Er schreibt: *„Dies* [die quasi unendlich große Anzahl potentieller Überzeugungen] *kann man verstehen, wenn man sich vor Augen führt, wie sich aus einer endlichen Menge von Regeln und Konstituenten prinzipiell unendlich lange Sätze bzw. Gedanken bilden lassen."* (Metzinger 2010: 123).
- **Kreativität in Bezug auf lösbare mathematisch/logische Problemstellungen:** Kurt Gödels berühmter *zweiter Unvollständigkeitssatz* besagt, dass keine die Arithmetik erster Stufe enthaltende mathematische Theorie alle in ihrem Gebiet möglichen wahren Ergebnisse beweisen kann. Das bedeutet, kurz und einfach gesagt, dass sich immer mehr Fragen in einem Rahmenwerk stellen lassen, als man innerhalb eben dieses Rahmenwerkes beantworten kann. Zwar kann zur Beantwortung eben dieser unlösbaren Fragen ein mächtigeres Rahmenwerk zurate gezogen werden, in dem treten jedoch wiederum unlösbare Probleme auf usw. Auch gibt es keinen Algorithmus, welcher alle in einer prädikatenlogischen Sprache erster Stufe stellbare Fragen vermittels logischer Wahrheit entscheiden kann (vgl. Hunter 1996). Alfred Tarskis *Undefinierbarkeitssatz* von Wahrheit scheint schließlich zu zeigen, dass es nicht einmal möglich ist, allen in einem Rahmenwerk formulierbaren sinnvollen Sätze widerspruchsfrei Wahrheitswerte zuzuweisen.[16] All dies sind Beispiele für problembezogene Kreativität.

---

16 Ein Beispiel ist die bekannte Lügner-Antinomie, also ein Satz, der von sich selbst aussagt, dass er falsch ist, etwa: „Ich spreche gerade die Unwahrheit."

- **Kreativität in Bezug auf komplexe Systeme:** In solchen mathematischen Theorien, welche sich dynamischer, durch Differentialgleichungen beschreibbare Systeme widmen, wird zwischen linearen und nichtlinearen Funktion unterschieden. Zuweilen tritt das Phänomen auf, dass man nicht sagen kann, was aus den Anfangs – bzw. Endbedingungen der Funktionen folgt, selbst wenn diese scheinbar alle systemrelevanten Merkmale beschreiben. Durch Computersimulation zeigte sich, dass schon bei geringsten Schwankungen der Anfangsbedingungen drastische und nicht im Voraus berechenbare Konsequenzen für das gesamte System auftreten können. Man spricht in diesem Fall von einem chaotischen oder auch einem „*complex random system*" (Hofkirchner und Schafranek 2011: 185), welches sich dem Beobachter als *kreativ* präsentiert in dem Sinne, dass seine Entwicklung nicht erklär – bzw. vorhersagbar ist. Der erfolgreiche Umgang mit diesen nichtlinearen Systemen hängt quasi davon ab, wie linear sie sich in bestimmten Abschnitten verhalten (lokale Linearität), wobei die Komplexität mit zunehmender Nichtlinearität steigt. Identifiziert man z. B. mentale oder neuronale Repräsentationen mit solchen dynamischen Systemen, so treten diese Kreativitätsphänomene auf der kognitiven Ebene auf, da sie nicht aus den dafür erforderlichen mathematischen Modellierungen zu entfernen sind.

Diese vier unterschiedlichen Beispiele demonstrieren sehr gut die *Hyperkomplexität* eines logischen Raums der Möglichkeiten einiger kognitiver Fähigkeiten, etwa bei der Bildung der Syntax von Sätzen, logischen Urteilen/Aussagen oder bei mathematischen Operationen im Bezug auf dynamische Systeme. Sie sollen als repräsentativ für das hier zu Zeigende angesehen werden, ohne dass die Thematik weiter vertieft werden wird. Man kann folgendes festhalten: Da die kognitiven Fähigkeiten des Menschen grundlegend und fundamental für jegliche kulturelle Errungenschaft sind, ist der kulturelle Entwicklungsprozess durch eine der Komplexität geschuldeten *Ergebnisoffenheit* gekennzeichnet.[17]

---

17 Dieser Punkt ist metaphysisch nicht unbedeutend: Es kann und darf nämlich nicht behauptet werden, dass beschriebene Ergebnisoffenheit eine *ontologische Tatsache* an sich darstellt. Vielleicht ist jeder Entwicklungsprozess *in Wirklichkeit* (was immer das ist) determiniert und nicht ergebnisoffen. Aber keine noch so exakte Modellierung (mathematisch oder sprachlich-logisch) stützt gegenwärtig

Anzunehmen, dass sämtliche Möglichkeiten für kulturelle Handlungen bereits im Genom oder dem Gehirn verankert seien, ist ähnlich undenkbar, wie zu meinen, ein moderner Schachcomputer hätte bereits zu Beginn der Partie alle möglichen Züge „im Kopf". Weiterführend kann keine menschliche Einzelleistung, auch nicht die einer Gruppe von Individuen, die gewaltige Evolution von Wissenschaft, Wirtschaft oder Technik der vergangenen zweihundert Jahre erklären, um nur ein Beispiel zu nennen. Auch sind treffsichere Voraussage derartiger Prozesse kaum möglich, das Phänomen der jüngsten europäischen Wirtschaftskrise mag dies verdeutlichen. Es unterlag nicht der individuellen Planung und hätte völlig anders kommen können, da die Summe an Möglichkeiten *Hyperkomplexität* aufweist. Die daraus resultieren Folgen für eine idealistisch-aufklärerische oder humanistische Philosophie der letzten Jahrhunderte auf der einen, oder auch einen physikalischen Reduktionismus auf der anderen Seite sind keineswegs zu unterschätzen.

Handlungstheoretische Erklärungen in den Sozialwissenschaften (etwa „*rational-choice*" Theorien) scheitern zunehmend an der Komplexität aller relevanten Faktoren, betrachtet man einen kulturellen Prozess in seiner Gesamtheit. Dass die Pläne eines Individuums oder einer Gruppe die Geschichte einer Kultur bestimmten, stellt eine seltene historische Ausnahmesituation dar, auch wenn viele Historiker dies wohlmöglich anders sehen. Die KE negiert somit intentionale Handlungstheorien, bzw. schränkt ihren Wirkungsbereich enorm ein. Einzelne menschliche Intentionen und Pläne erreichen bei zunehmender gesellschaftlicher Größe und Komplexität scheinbar den Status von Epiphänomenen.[18]

---

eine solche Behauptung. Auch Gödels Unvollständigkeitssatz garantiert nicht mit letzter Sicherheit, dass wir Hilberts Methode, nämlich die Widerspruchsfreiheit und Vollständigkeit der Arithmetik zu beweisen, nicht anwenden können, sondern nur, dass ein solcher Beweis arithmetisch nicht wiedergegeben werden kann. Das Problem liegt in der Komplexität möglicher Lösungswege.

18 Die Griechen und Römer gaben dieser Intuition wohl den Namen Schicksal *(lat. „Fatum")*, eine anthropomorphe kosmische Kraft, der auch große Feldherren und Politiker wie Julius Caesar und selbst die Götter zu gehorchen hatten und gegen die sich zu stellen „Hybris" war. In jüdisch-christlicher Tradition, wo dieser Punkt noch stärker betont wurde, begegnet uns die Vorstellung der „Allwissenheit Gottes", die als einzige alle kausalen Zusammenhänge kennt, und die immer jenseits aller menschlichen Möglichkeiten (auch dem Bemühen aller Menschen zusammengenommen) steht (vgl. Russell 1975: 836). Auch wenn

Ein kurzes *Gedankenexperiment* mag das bisher Gesagte noch einmal intuitiv verdeutlichen: Man stelle sich vor, die gegenwärtige Erdbevölkerung würde über Nacht alle technischen Errungenschaften und deren zugrundeliegende Information der letzten 10 000 Jahre verlieren. Ihr Wissen und ihre kulturelle Umwelt wären auf dem Niveau der Jungsteinzeit. Ist es wahrscheinlich, dass die Menschheit das erworbene Wissen jemals zurückgewinnen würde? Wie lange würde es dauern? Ist es überhaupt denkbar, dass die hyperkomplexe Entwicklungsgeschichte sich so und nicht anders noch einmal abspielen, oder in schwächerer Form, die gleichen Ergebnisse zeitigen würde, selbst wenn die Umwelt und die kognitiven Eigenschaften der Menschen konstant bliebe? Hätten die Menschen bald wieder ein heliozentrisches Weltbild, Benzinautos, Antisemitismus, moderne Kunst, Atomenergie, antiautoritäre Erziehung, Mülltonnen mit Rollen oder eine naturalistische Theorie des Geistes? Ich bezweifle dies sehr stark, ich denke, betrachtet man das vorangehende Kapitel, das dieser Fall noch nicht einmal logisch denkbar ist.

Auch klassische soziologische *Lern – bzw. Rollentheorien* sind wohl allein nicht in der Lage, kulturelle Entwicklung zu erklären. Diese Ansätze stellen, in genauer Umkehr zum Oben genannten, das Individuum komplett in den Hintergrund und nennen als Ursachen für die KE ausschließlich die Gesellschaft oder die soziale Umwelt einer Person. Sie konstituiert vorgegebene *Rollen*, die dann bestimmten Individuen zukommt und das Ergebnis dieses „Rollenspiels" sei die gegenwärtige Kultur. Allerdings haben bereits Tooby und Cosmides (1992) überzeugend dargelegt, dass auf diese Weise nicht erklärt wird, warum es in der KE genau zu diesen und keinen anderen

---

beide Sichtweisen uns heute aus naturalistischer Perspektive abergläubisch und vielleicht primitiv erscheinen, so zeigt sich doch hier bereits ein intuitiver Zugang zu der Tatsache, dass ab einer bestimmten Komplexität, einer hinreichend großen Menge an Kausalfaktoren, keine eindeutige Beschreibung, Klärung oder Vorhersage von Sachverhalten mehr möglich ist (wie etwa beim Versuch einer Beschreibung menschlicher Kultur aus der Perspektive der Physik). Auch beim Philosophen *Martin Heidegger* finden wir interessanterweise einen sehr engen Bezug zu diesem Gedanken: Hinsichtlich seines „Daseins" ist der Mensch immer schon in eine *Kultur* und ein Zeitalter *geworfen*, was seinen Möglichkeiten zur Lebensgestaltung einen Rahmen vorgibt, den Heidegger „*Schicksal*" nennt (vgl. Heidegger 2006: 384). Diese Intuition eines Schicksals, betont, philosophisch betrachtet, die Unmöglichkeit einer Bewältigung von Hyperkomplexität durch ein einzelnes Individuum (auch wenn dies ein Gott ist).

Strukturen gekommen ist und das Veränderung und Entwicklung gesellschaftlicher Rollen nicht ausreichend erklärt werden können. Erklärungen über gesellschaftliche Rollen sind funktionale Erklärungen (Rolle = gesellschaftliche Funktion) und diese haben eine generelle Schwachstelle. Sie sind zufrieden, wenn sie zeigen können, dass die beschriebene Rolle oder die darauf aufbauende gesellschaftliche Institution irgendwie den sozialen Zusammenhang stärken und durch sie soziale Kohäsion verhindert wird. Aber das reicht als Erklärung für ihr Bestehen nicht aus, gerade in modernen Kulturen, die durch ständigen Rollenwechsel gekennzeichnet sind, auch wird ihre Transformation nicht erklärt. Abgesehen davon ist es, zumindest meines Erachtens nach, eine zirkuläre Argumentation zu behaupten, der Mensch sei einerseits funktional völlig durch seine kulturelle Umwelt (Rolle) bestimmt, auf der anderen Seite habe er aber eben diese Umwelt (Rolle) selbst produziert. KE unterliege somit dem totalen Zufall und jede Kultur, egal wie bizarr, wäre gleich wahrscheinlich. Dies ist jedoch nicht sehr plausibel. Die evolutionäre Psychologie zeigt in vielen Studien (vgl. Buss 2003), dass (trotz fehlender Determiniertheit, etwa durch die Gene oder individuelle Ziele, s. o.) durchaus kulturelle *Tendenzen*, also mögliche Pfadabhängigkeiten, existieren. Diese Anschauung passt sehr zum Verständnis eines evolutionären Prozesses als „quasiteleologische" Entwicklung.

1.5 Zwischenfazit

Phänomene kultureller Entwicklung und Ausdifferenzierung sind weder durch die BE, noch durch Handlungs- oder Rollentheorien allein zu erklären, die bis jetzt genannten Beispiele sollen als Evidenzen dafür gelten. Es mag sein, dass sich das ein oder andere dieser Beispiele widerlegen lässt, bzw. eine Studie sich als nicht so aussagekräftig erweist, wie zunächst erhofft. Aber ich bezweifele, dass dies auf alle angeführten Fakten gleichsam zutrifft, und postuliere somit in folgenden Arbeit einen autonomen, ergebnisoffenen aber dennoch tendenziösen kulturellen Entwicklungsprozess, dessen selektive Einheiten im folgenden Kapitel genauer zu untersuchen sind.

2. Die KE und der Begriff des Mems

Zunächst wird dabei dem Begriff des „Mems", seiner Entwicklung, Bedeutung und Problematik, nähere Aufmerksamkeit geschenkt. Wenn es sich bei der KE, wie oben beschrieben, um einen evolutionären algorithmischen Prozess handelt, welcher sich nicht auf die BE, den Zufall, menschliche Kognition und Intentionalität oder soziologische Rollentheorien reduzieren lässt, so müsste es klar identifizierbare Entitäten, sich selbst replizierende Elemente geben, welchen diesen Prozess durchlaufen und somit das untersuchte evolutionäre System konstituieren. Denn ein absolut zentraler Faktor des evolutionären Algorithmus ist die *Reproduktion*.

2.1 Gene und Meme als Replikatoren

Der Evolutionsbiologe Richard Dawkins legte in seinem Buch „*The Selfish Gene*" (dt. „*Das egoistische Gen*") von 1976 ausführlich dar, wie eine umfassende Theorie der replikatorischen Evolution auszusehen habe. Er wählte aus explanatorischen Gründen den wahrscheinlich populärsten Replikator unseres Planeten, das Gen, machte aber ebenfalls deutlich, dass es auch andere Arten von Replikatoren geben könnte und die genetische Evolution somit als spezieller Teil einer allgemeineren Theorie zu verstehen sei (Dawkins 2007: 320). Die allgemeinen Erfolgs – und Stabilitätskriterien eines Replikators bestehen in *hoher Wiedergabetreue*, *hoher Verbreitungsrate* und *Langlebigkeit in Gestalt von Kopien*. Von zentraler Bedeutung ist hier auch die genzentrierte Sicht Dawkins auf die Evolution. Allein Gene (nicht etwa Organismen oder Gruppen) seien die eigentlich evolvierenden Entitäten, die Replikatoren, aus deren passiven Wettrüsten im Laufe von vielen Jahrmillionen komplexere Gebilde (genannt *Vehikel*) entstanden waren, die wir heute als Organismen (oder auch „Phänotypen") bezeichnen.

Es trifft mitnichten zu, dass es in der theoretischen Biologie, bzw. der Philosophie der Biologie eine einheitliche Meinung darüber bestünde, was genau ein Gen eigentlich ist, vielmehr gestaltet sich der Begriff als ebenso interpretativ problematisch wie etwa der einer biologischen „natürlichen Art", bzw. Spezies. Das große Problem ist, ob man ein Gen *molekular*, also als chemische Abfolge von DNS-Bausteinen oder *funktional*, also als konstituierend für ein bestimmtes mehrstufiges Merkmal definiert. Ein sehr ähnliches Problem begegnet uns bezüglich mentaler Inhalte. Soll man sie *neuronal,* wie die Hirnforschung oder *funktional,* wie die Philosophie des Geistes/Psychologie definieren und welche Definition ist „richtiger"?

Dawkins entlehnt seine Definition des Gens als Replikator der mittlerweile klassischen Definition von Williams (1966), welche eine funktionale ist.[19] Sein Punkt im weiteren Verlauf des Buches ist, dass es noch einen weiteren Replikator außer dem Gen auf unserem Planeten geben könne, nämlich innerhalb der menschlichen Kultur. Als der symbiotische Zusammenschluss genetischer Replikatoren hinreichend komplex wurde, um bei Organismen Imitation, Lernen und komplexe Kommunikation hervorzubringen, entstanden die ersten *Meme.*[20] Dies seien kulturelle Replikatoren, die im Grunde denselben Gesetzen folgen und nichts anderes tun, als sich passiv zu vervielfältigen und zwar durch *„Imitation im weitesten Sinne"* (Ebd.: 321), was einen nicht zu vernachlässigenden Vorteil darstellt. Die Geschwindigkeit der KE übersteigt die der BE um ein vielfaches.

2.2 Begriffsgeschichte

Die Theorie der Meme seit Dawkins nahm einen interessanten Verlauf. Es stellte sich heraus, dass der Begriff „Mem" selbst ein erfolgreiches Mem zu sein schien obwohl es davor und zeitgleich, ähnliche Theorien gab, die der Memtheorie sehr ähnlich waren. Die Idee atomarer Kulturbausteine trat bei Dawkins also nicht das erste Mal auf. Ein Jahr vor der Veröffentlichung von Dawkins *„The selfish Gene"* erschien der Aufsatz: *„Is a cultural ethology possible?"* von F. T. Cloak (vgl. Wegener 2001: 50ff). Dieser hält die alte Kontroverse zwischen Natur und Kultur für überholt. Die genetischen Vorgaben, die das menschliche Lernverhalten ermöglichten *„seien auch zwingend auf eine weitergehende kulturell bedingte Programmierung angewiesen"* (ebd.). Cloak spricht von sogenannten *„cultural instructions",* aus denen diese Programmierung der neuronalen Landschaft des menschlichen

---

19 „In evolutionary theory, a gene could be defined as any hereditary information for which there is a favorable or unfavorable selection bias equal to several or many times its rate of endogenous change." (Williams 1966: 25).

20 Dawkins führte den neuen Begriff „Mem" im elften Kapitel des „egoistischen Gens" ein, vgl. Dawkins 2007: 316ff.

Gehirns besteht und die im sozialen Kontext, zum Beispiel durch Imitation oder Lehren erfolgt. Die grundlegenden Einheiten dieser kulturellen Instruktionen seien sogenannte *„Kulturkörperchen"*, die vergleichbar sind mit Dawkins Memen (der selbst zugibt, sich in seiner Kulturtheorie auf Cloak zu beziehen).[21] Weitere Autoren wie Delius (1989), Durham (1991), Lynch (1991), Plotkin (1993) und Wilkins (1998) bauten die Mem-Theorie weiter aus, und bereicherten sie durch neue Fakten und Interpretationen.[22] Das Problem, was sich jedoch bald stellte, war, dass bei grundlegenden Definitionen keine Einigung erzielt werden konnte, und jeder den Begriff Mem quasi neu interpretierte, was ihn sehr reichhaltig, aber auch wenig anwendbar machte. 1996 veröffentlichte der Programmierer Richard Brodie *„Virus Of the Mind. The New Science Of The Meme"*. 1999 erschien Susan Blackmores *„The Meme Machine"*, mit der die Psychologin der neuen Wissenschaftsausrichtung ein festes Fundament verschaffen wollte und auch Lösungen für bis dahin auftretende Probleme der Definitionen anbot. Zwischenzeitlich war auch die Philosophie von der Memetik nicht unberührt geblieben. Daniel Dennett beschäftigte sich vor allem in „Consciousness Explained" (1991) mit dem viel diskutierten philosophischen Problem des Bewusstseins. Er definiert letzteres *„als eine Art Programm, bestehend aus Befehlslisten"*[23]. Dieses Programm besteht aus einer Ansammlung von computationalen Instruktionen welche, Dennett zufolge, auch als Mem(kom)plex verstanden werden können, der seinerseits wiederum andere Meme verbreitet. Damit geht Dennett über Dawkins hinaus: Das menschliche Bewusstsein wir nicht von Memen befallen und gezwungen, diese zu kopieren, es ist selbst ein solcher Zusammenschluss von Memen.[24] Auch in seinem späteren Werk *„Darwin's Dangerous Idea"* (1995) unterzieht er den Begriff nochmals einer Untersuchung und diskutiert unter anderem auch die Frage, ob es eine reine Wissenschaft der Meme, die

---

21 Das Folgende vgl. Wegener (2001: 53).

22 Eine detaillierte chronologische Forschungsgeschichte, den Membegriff betreffend findet sich in Blackmore (2003: 55ff) oder auch bei Schurz (2011: 192ff. und 208ff). Aus Platzgründen wird sie an dieser Stelle nicht ausführlich wiedergegeben, sondern sich dem Begriff lediglich problemorientiert genähert.

23 Wegener (2001 :62).

24 Dennett: *„Human consciousness itself is a huge complex of memes that can best be understood as the operation of a virtual machine implemented in the parallel architecture of a brain that was not designed for any such activities."* (zit. bei Wegener 2001: 62).

Memetik geben könne und worin die philosophische Relevanz des Begriffs bestand (vgl. Dennett 1995: 352ff).

Der Philosoph und Naturwissenschaftler Gerhard Schurz (2011) unternahm schließlich den Versuch, eine *„Verallgemeinerte Evolutionstheorie"* aufzustellen (Abb. 3, vgl. Schurz 2011: 142), welche er auch mathematisch untermauert, und in der Meme eine zentrale Rolle spielen, nämlich als eine Art möglicher modellierbarer *„Repronen"*, die der KE. In seinem umfangreichen Buch, stellt er einen großen Teil der bisherigen Debatte dar und erweitert sie ebenfalls ein vielen Stellen. Durch die Einführung einer vereinheitlichten *mathematischen* Theorie der Dynamik evolutionärer Systeme, welche den evolutionären Algorithmus, die biologische Populationsgenetik und die evolutionäre Spieltheorie zusammenführen (ebd. S. 275ff.), schafft er multiple wissenschaftliche Anwendungsmöglichkeiten, welche über eine rein metaphorisch anmutende Analogie Gen/Mem bei Dawkins weit hinausgehen.

Abb. 1: Die Korrelate der verallgemeinerten Evolutionstheorie nach Schurz (2011).

Verallgemeinerte Evolution (VE)	Biologische Evolution (BE)	Kulturelle Evolution (KE)	Individuelle Evolution (IE)
evolutionäre Systeme	Organismen	menschliche Gemeinschaften	einzelne Personen
Repronen	Gene	Meme	erlernte Informationen
phenetische Merkmale	Organe, Fähigkeiten	Fertigkeiten, Handlungsweisen, Sprache, Denkmuster	Fertigkeiten, Handlungsweisen, Sprache, Denkmuster
Reproduktion	DNS-Replikation	Imitation	Beibehaltung des Gelernten im Gedächtnis
Variation	Mutation und Rekombination	Interpretation und Variation von tradierten Memen	Variation eigener Überzeugungen
Selektion	Höhere Fitness durch Fortpflanzungsrate	Höhere Fitness durch kulturelle Attraktivität	Höhere Fitness durch individuelle Zielerreichung

Auffallend ist allerdings, dass bei Schurz (s. Abb. 2) die *„phenetischen Merkmale"* bei IE und KE prinzipiell identisch zu sein scheinen. Dies könnte

Kritiker dazu verleiten, sie aufeinander reduzieren zu wollen und somit die eine oder andere evolutionäre Ebene „weg zu kürzen". Ich denke, dass sich dieses Problem lösen lässt, indem man Meme als Verhaltenseinheiten, also extern identifiziert (s. u.) und nicht als „interne" Muster.

2.3 Imitation als Reproduktionsmechanismus

Meme sind, Dawkins zufolge, Replikatoren, welche sich durch „Imitation" reproduzieren. Was den Begriff des Mems als „Replikator" angeht, so findet sich bei Sperber (2000: 7) ein Vorschlag für drei minimale Voraussetzungen für echte Replikation. Damit B ein Replikat von A sein kann, muss

1) B von A verursacht worden sein,
2) B A in wesentlichen Aspekten ähneln,
3) der Prozess, welcher B hervorbringt, seine Information über das Ähnlichkeitsverhältnis zu A von A erhalten.

Replikation in diesem starken Sinne bedeutet also, dass aus A eine Kopie B entsteht. Wie ist diese allgemeine Feststellung mit dem Begriff der Imitation zu verbinden? „Echte Imitation"[25] ist für Blackmore (2003: 65ff.) eine grundlegende Fundierung, ohne den Meme und deren Weitergabe nicht denkbar sind. Sie unterscheidet generell zwischen individuellem, sozialem und kulturellem Lernen, wobei nur letzteres echte Imitation beinhalte und somit einen neuen Replikator möglich mache (ebd.: 90ff.). Blackmore weist mehrfach darauf hin, dass die memetische Übertragung unbedingt auf Fälle von „echter Imitation" einzugrenzen ist, da dies die einzig denkbare Möglichkeit sei, kulturell eine Information zu replizieren und Meme somit als Replikatoren aufzufassen. Blackmore (2003, 2005) bezeichnet alles als Mem, was der Imitation dienlich ist (Dawkins A) und verwirft eine mögliche „Genotyp/Phänotyp" Unterscheidung, die sie bei anderen

---

25 Eine klare und einhellige (philosophisch hinreichende) Definition des Wortes „Imitation" gibt es nicht, auch wenn das Phänomen an sich empirisch gut erforscht ist. Whiten und Ham (1992) beschreiben Imitation als das Lernen eines Verhaltens von einem anderen Individuum, Heyes (1993) unterscheidet zwischen Imitation und sozialem Lernen. Bei nichtmenschlichen Tieren, wie Singvögel komme Imitation – Bauer und Johnson (1994) zufolge – vor, aber nicht so häufig wie beim Menschen.

Autoren findet. An dessen Stelle tritt bei ihr die Unterscheidung zwischen *„Produktions-"* und *„Instruktionskopie"* (Blackmore 2003: 37ff.) auf.[26] Ein beachtenswerter Punkt: Blackmore weist darauf hin, dass sowohl Schrift als auch Computerprogramme genau deswegen memetisch und kulturell so erfolgreich sind, da sie den Schritt vom Kopieren des *Produkts* zum Kopieren der *Instruktion* gemacht haben (ebd.: 339). Dieses Verfahren ist deswegen so erfolgreich, da Fehler (Mutationen) nicht mehr kumulieren, weil man stets zum Ausgangspunkt zurückkehrt und im Allgemeinen keine Kopien von Kopien mehr macht. Durch einheitliche Verschriftlichung einer gesprochenen Sprache und/oder Programmiersprachen wie LISP oder BASIC, kurz, durch *Digitalisierung* (in unserem speziellen Fall gleichbedeutend mit „Symbolisierung", also nochmaliges Kodieren anhand einer neuen Semantik), haben Meme eine annähernd ähnlich hohe Kopiergenauigkeit erlangt, wie dies bei der Replikation der DNA der Fall ist. Man beachte, vor wie unglaublich kurzer Zeit diese Digitalisierung (Symbolisierung) erfolgte und welchen Quantensprung alle bestehenden Weltkulturen durch Sprache, Schrift und digitalisierte Technik bereits erlebt haben, einen Sprung, der auf das enorme Erhöhen der memetischen Kopiergenauigkeit zurückzuführen ist. Ein häufiger Einwand gegen die Memetik (bzw. deren Gültigkeit als echte evolutionäre Erklärung für Kultur) ist damit quasi widerlegt. Meme (im weitesten Sinne) zeichnen sich nämlich, dem Einwand zufolge, durch „lamarckistische Vererbung" aus, was die diachrone Prozessbeobachtung enorm erschwert, da erworbene Eigenschaften stets mit vererbt werden und die Replikation daher viel mehr (erworbene) Mutationen beinhaltet. Dies mag im Fall von Interpretation, Sprechakten oder Gestik stimmen, spätestens im Falle von Schrift, Noten oder Computerprogrammen stimmt es jedoch nicht mehr, denn hier hat man es mit einer digitalisierten Instruktionskopie zu tun, ähnlich wie im Falle der DNA. Der ständige Wettstreit um mögliche

---

26 Diese fruchtbare Unterscheidung geht wohl zurück auf Byrne und Russon (1998: 670f.). Letztere unterscheiden zwischen *„action-level imitation"* also Imitation von Handlungen und *„program-level imitation"*, der Imitation von Instruktionen. Das zu Imitierende könne demnach hierarisch gegliedert werden, wobei unten Verhaltens- weiter oben Instruktionsimitation zu verorten sind.

Nischen scheint mittelfristig alle Arten von evolutionären Systemen zu einer Verbesserung ihrer Kopiergenauigkeit zu zwingen.

Interessanterweise stoßen wir an dieser Stelle auf eine sehr verblüffende Analogie zur biologischen Replikation, welche ich kurz darstellen möchte. Auch innerhalb der BE war die Vererbung nämlich anfänglich „lamarckistisch", bzw. wurden Produktkopien durchgeführt. Lange bevor es die DNA und die Gene gab, bevölkerten bereits primitivere biologische Replikatoren den Planeten, einer unter ihnen war die RNA („ribonuclein-acid"). Diese findet man noch heute im genetischen Replikationsprozess als sogenannte mRNA („Messenger-RNA")[27], welche in der Transkriptionsphase, dem Kopieren eines Gens, eine zentrale Rolle spielt, ein „lebendes Fossil", wenn man es so sehen möchte. Wesentliche Funktionen der RNS in der biologischen Zelle ist die Umsetzung von genetischer Information in Proteine. In Form der mRNA fungiert sie hierbei als Informationsüberträger. Daneben erfüllen spezielle RNA-Typen weitere Aufgaben; bei RNA-Viren macht sie sogar das Genom selbst aus. Bei diesen primitiven, nicht DNA-basierten Organismen verhält es sich sehr ähnlich wie bei nicht-symbolischen Memen: Die Variationsrate ist derart erhöht, dass eine rückwirkende evolutionäre Bestimmung anhand von Verzweigungsbäumen beinahe unmöglich wird, und Virologen nur noch von *Quasi-Spezies,* anstatt von echten Spezies sprechen. Sowohl das berühmte H.I. Virus, als auch der Erreger der Tollwut, sind dieser Klasse zuzuordnen. Ihre erhöhte Mutationsrate ist der Grund dafür, dass sie als Krankheitserreger so schwer zu bekämpfen sind. Durch die im Vergleich zu DNA-Viren geringere genetische Konservierung bzw. durch die hohe genetische Variabilität müssen Impfstoffe häufiger an aktuell kursierende Virenstämme angepasst werden.[28]

---

27 Für Details zur protogenetischen Evolution, vgl. u.a. Schurz (2011: 98f).

28 „*The high error rate inherent in all RNA synthesis provides RNA virus genomes with extremely high mutation rates. Thus nearly all large RNA virus clonal populations are* **quasispecies** *collections of differing, related genomes. These rapidly mutating populations can remain remarkably stable under certain conditions of replication. Under other conditions, virus-population equilibria become disturbed, and extremely rapid evolution can result. This extreme variability and rapid evolution can cause severe problems with previously unknown virus diseases (such as AIDS). It also presents daunting challenges for the design of*

Die RNA ist, vereinfacht für unsere Zwecke ausgedrückt, ein Vorgänger der DNA und verfügt noch nicht über deren hochentwickelte („symbolisierte") Kopiermechanismen, was vielleicht ein Hauptgrund dafür ist, dass es keine komplexeren Organismen als Viren gibt, welche aus RNA bestehen. Durch fehlende Kopiergenauigkeit konnte keine hinreichend große evolutionäre Kumulation entstehen. Dennoch hat die RNA im Prozess der Transkription immer noch einen festen Platz, ebenso wie es in der KE nicht nur digitale Medien gibt. Die RNA ist vergleichbar mit mündlicher Kommunikation/Gestik (verkörpert), die DNA dagegen mit digitalen Medien/Schrift (symbolisch) und deren Transmission. All diese Analogien sind hilfreich, aber man sollte sich davor hüten sie (ontologisch betrachtet) zu weit auszudehnen.

Doch kehren wir ihn den Raum der KE zurück. Durch die (in meinen Augen nicht notwendige) Einschränkung Blackmores, Meme auf Imitation/exakte Replikation zu beschränken, gerät die Memetik an ein Problem, sollte sich herausstellen (und es spricht einiges dafür), dass KE nicht aus, oder aus *mehr als nur* Imitation besteht. Die meisten kulturellen Handlungen oder Artefakte, etwa das Erwerben einer Sprache (s. u.), entstehen nämlich offensichtlich nicht durch direkte Nachahmung; dies ist eine weitverbreitete Tatsache unter Anthropologen, Kognitionswissenschaftlern und Evolutionspsychologen (vgl. Sperber 2000: 10f.). Es scheint ein viel genereller Fall von sozialer Intelligenz dahinter zu stecken, wie und wo Kultur evolviert. Viele kulturelle Praktiken (wenn auch nicht alle) zur Weitergabe von Kulturgut und Techniken erfordern interpretatives Verständnis oder die Fähigkeit relevante Kausalaspekte einer Handlung zu erkennen und zu reproduzieren, nicht einfach nur „blind" alles zu imitieren.

Genau diesen Einwand formulierte Dan Sperber mehrfach (1996, 2000, 2008), auf dessen Kulturtheorie später noch genauer eingegangen wird, und der darauf hinwies, dass nicht Imitation (also ein genaues Replizieren), sondern vielmehr semantische Interpretation[29] aller Mitglieder der zentrale Vorgang sei, welcher eine Kultur konstituiere (s. u.).

---

effective vaccines for the control of diseases caused by rapidly evolving RNA virus populations." (Steinhauer & Holland 1987, Abstract)

29 Auch Dennett räumt ein, dass Meme keine syntaktischen, sondern semantische Entitäten sind (Dennett 1997: 490ff.) und somit auch die Reproduktion keine syntaktische Punkt-für-Punkt Replikation sei, sondern eine semantische

Ein kurzes Beispiel (vgl. Sperber 2000: 165f.) mag das erläutern: Angenommen, 20 Versuchspersonen sollen nach dem „Stille-Post" Prinzip jeder von der vorherigen eine einfache Figur abzeichnen, ohne das Original dabei zu Gesicht zu bekommen. Der Test wird mit zwei verschiedenen Figuren (A und B) von nahezu gleicher Komplexität durchgeführt. Mit sehr hoher Wahrscheinlichkeit wird Figur (A) nach 20 Durchläufen wesentlich weniger „Mutationen" aufweisen, und dem Original sehr viel stärker ähneln. Der Grund dafür ist, dass bei Figur (A) von den Versuchspersonen die semantische (symbolische) Gestalt eines Sterns erkannt wird, und so keine Punkt-für-Punkt Imitation erforderlich ist, also auch Fehler nicht in dem Maße kumulieren.

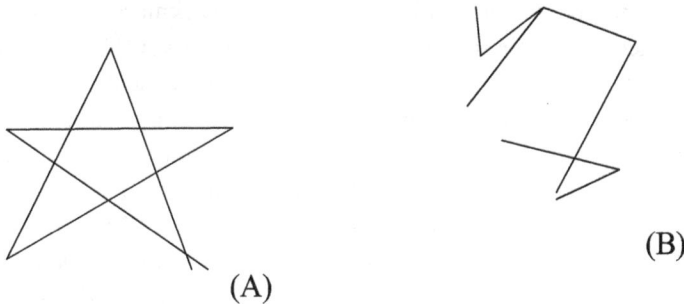

(A)

(B)

Schon Dawkins (in Blackmore 1999: Vorwort) bezeichnete *semantische Gestalterkennung* als einen in der Memreproduktion vorhandenen Mechanismus zu Fehlerreduktion, denn auch bei „modernen" DNA basierten genetischen Replikatoren gäbe es viele solcher Korrekturmechanismen, welche eine exakte Replikation gewährleisteten. Sperber (2000: 171) wandte gegen Dawkins ein, dass semantische Gestalterkennung jedoch ein völlig anderer kognitiver Vorgang sei, als Fehlerkorrektur durch einen chemischen Mechanismen wie bei den Genen. Im ersten Falle existiert nämlich ein innerliches „Gesamtbild" des Objekts für einen Beobachter, im zweiten Fall nicht. An dieser Stelle tritt jedoch auf Sperbers Seite ein Missverständnis auf, wie ich finde. Denn in einer evolutionären Erklärung bestimmter dynamischer Systemphänomene (und genau dies soll die KE ja sein), kommt es doch

---

Widergabe des Gesamtobjektes. Hierfür sei allerdings, im Unterschied zu Ersterem, Intelligenz nötig, die Fähigkeit, einen Inhalt zu erschließen und diesen dann (nicht unbedingt wortgetreu) widerzugeben.

vor allem auf die „Funktion" bestimmter beobachtbarer Mechanismen an, für die sie im Verlauf der Geschichte des Systems selektiert wurden. Diese Funktion mag bei den Genen anders realisiert worden sein als bei den Memen (syntaktische Korrekturmechanismen bzw. semantische Gestalterkennung), aber ihre Funktion, nämlich die Kopierfehlerrate herabzusetzen, ist die gleiche. Der memetische Evolutionsprozess begann kontingenterweise bei Organismen, welche bereits semantische Gestalterkennung und Symbolismus beherrschten, und diese Faktoren erfüllten die beschriebene Funktion zuverlässig. Warum also hätte die memetische Evolution hier erst mühsam einen der genetischen Evolution „ähnlicheren" Mechanismus einführen sollen? Das wäre doch alles andere als ökonomisch.

Sperber ging bei seiner Kritik stets von einer blackmoreschen Variante der Memtheorie aus, die zu dieser Zeit die populärste war.[30] Diese Tatsache wird im letzten Teil der vorliegenden Arbeit noch von Bedeutung sein, denn außer „Blackmores Memen" gibt es noch andere Definitionsmöglichkeiten. Selbst wenn es also blackmore'sche „Imitations-Meme" gäbe, so könnten sie die KE noch nicht erschöpfend erklären. Imitation könne vielleicht die Ausbreitung öffentlicher Repräsentationen erklären, nicht jedoch deren Stabilität im Vergleich zu konkurrierenden. *„[...]we think it is quite important to dissociate explanations regarding the origin and spread of behavior from explanations of its stability."* (Sperber & Claidiére 2009: 7). Um Stabilität zu erklären seien Untersuchungen der Umwelt der imitierenden Systeme ebenso notwendig, z. B. psychologisch-kognitive Mechanismen oder physikalische „äußere" Zustände.

2.4 Probleme der Lokalisation und Identifikation kultureller Replikatoren

Im Folgenden wird eines der Hauptprobleme der Memtheorie genauer beleuchtet, nämlich das der fehlenden Identitätskriterien. Will man eine theoretische Entität in eine wissenschaftliche Hypothese einführen, so muss sie sich möglichst exakt definieren und wiederfinden lassen. Es stellte sich

---

30 Im von Dawkins verfasstem Vorwort ihres Buches *„The meme machine"* (dt.: Die Macht der Meme) führt ersterer aus: *„Jede Theorie verdient ihre beste Darstellung und eben die ist Susan Blackmore für die Memtheorie gelungen."* (Blackmore 1999, Vorwort: 21).

heraus, dass es nicht etwa zu wenig Möglichkeiten gibt, ein Mem zu identifizieren (zu definieren), sondern zu viele. M.E. Kronfeldner bezeichnet dies als *„Problem der materiellen Identifikation"* (Kronfeldner, 2010: 6). Sie schreibt:

> *„Doch selbst Memetiker sind sich bis heute uneinig darüber, was Meme genau sind. [...]Beispiele sind Ideen, Theorien, Werte, Überzeugungen, kognitiv repräsentierte Verhaltensmuster und Herstellungsregeln für Artefakte (z.B. ein Kuchenrezept, eine Partitur oder die Idee des Rades)."* (ebd.: 2f.).

Der besseren Übersicht halber werden verschiedene Positionen im Folgenden mittels alphabetischer Variablen gekennzeichnet.

Einer der Hauptstreitpunkte der „Memetiker" ist nach wie vor, ob Meme in der Kultur, also der Außenwelt zu verorten sind (im Folgenden (P) genannt), sich im Kopf einer Person befinden (Q)[31] oder beide Interpretationen gleichsam zutreffen (Z)[32], eine sehr liberale Auffassung. Ist ein Mem eine geistige Entität oder ist die soziale Expression, das Verhalten oder aber das produzierte kulturelle Artefakt, der Gegenstand selbst das eigentliche Mem? Es sind wiederum zahlreiche Subunterscheidungen möglich, die, geht man von einer kulturellen Evolution aus, philosophisch keineswegs irrelevant sind und die Theorie als Ganzes drastisch verändern.

Eine Subunterscheidung von (P) wäre beispielsweise, ob man menschliches Verhalten prozessontologisch (Geste, soziale Handlung, Sprechakt) als Mem auffasst (P1), welches sich kulturell reproduziert oder aber symbolische Expressionen dieses Verhaltens (Worte, Noten, Schrift) als Meme definiert (P2) oder aber die Artefakte selbst in den Blick nimmt, die in Laufe der KE entstanden sind, etwas Autos, Häuser, oder Computer (P3).

Einige Subunterscheidungen von (Q) könnten sein, ob es sich bei Memen, wenn sie denn personenspezifisch zu lokalisieren sind, um geistige (Q1) oder um neuronale Entitäten (Q2) handelt. (Q1) kann nochmals unterteilt werden in (Q1a): Meme sind der phänomenale Gehalt eines neuronalen Ereignisses, wobei „Mem" dann wohl identisch wäre mit dem Begriff *„Quale"*, oder aber (Q1b): Meme sind die kleinsten *bedeutungstragenden* Einheiten innerhalb eines Systems. Im Bereich der Sprache z.B. wären Meme dann identisch mit lexikalischen *„Morphemen"*. Diese (Q) – Subunterscheidung ist stark abhängig von der Position, welche man in der Leib-Seele Debatte

---

31 Auch genannt „Dawkins B" (vgl. Blackmore 2003: 56).
32 Auch genannt „Dawkins A" (ebd.).

einnimmt, ist man etwa Identitätstheoretiker, gibt es gar keinen echten Unterschied, ist man dagegen Dualist, einen gewaltigen. Bezieht man die Position (Z), ergeben sich kumulativ alle Folgeprobleme der beiden ersten Positionen und man läuft Gefahr, begrifflich sehr ungenau zu werden.

Alle bisher genannten Subunterscheidungen ließen sich noch einmal anhand von „Diachronie (d)" und „Synchronie (s)" unterscheiden, was die Anzahl der Möglichkeiten abermals verdoppelt. Ein Beispiel: Bezieht man die Position (Q1), und identifiziert Meme mit rein geistigen Phänomenen, ohne dabei Aussagen über (Q2) zu machen, so stellt sich hier die Frage, ob es sich bei eben diesen um synchrone, also raumzeitlich genauestens zu fixierende Dinge handelt, die zum Zeitpunkt t „irgendwo" sind (Q1s), oder vielmehr um Prozesse, welche sich immer über einen gewissen Zeitraum erstrecken und also auch keine feste Position im Raum einnehmen (Q1d).

Grund für diese Debatte, die zu großer Verwirrung führte, sind meines Erachtens vor allem die in sich widersprüchlichen Aussagen des Gründervaters des Membegriffs. Dawkins (1976) selbst verwendete ihn zunächst in einem sehr weiten Sinne (genannt „*Dawkins A*"[33]), der sowohl Interpretation (Q) als auch (Z) (nicht jedoch (P), was naheliegend wäre) zuließ, aber damit stößt man sehr schnell auf ein Lokalisierungsproblem. Später änderte er seine Meinung zugunsten der Aussage, dass „*ein Mem als eine Informationseinheit betrachtet werden sollte, die in einem Gehirn seinen Sitz hat*" (Dawkins, 1982: 109, genannt „Dawkins B"). Mit dem Satz jedoch, dass Meme „*sich selbst von Gehirn zu Gehirn, von Gehirn zu Buch/Computer, von Buch/Computer zu Gehirn [...] verbreiten*" (Dawkins 1990: 186) fällt er wiederum zurück in eine „Dawkins A" Variante[34].

---

33 Vgl. Blackmore (2003, S. 56).
34 In Gatherer (1998) finden sich die wörtlichen Quellenangaben:
   Dawkins A: '..*a unit of cultural transmission, or a unit of imitation.*' *(Dawkins 1976, p.206)*; '*Examples of memes are tunes, ideas, catch-phrases, clothes fashions, ways of making pots or of building arches*' *(Dawkins 1976, p.206)*; '*Popular songs and stiletto heels are examples. Others, such as the Jewish religious laws...*' *(Dawkins 1976, p. 209)*; '*Perhaps we could regard an organized church, with its architecture, rituals, laws, music, art and written tradition, as a co-adapted stable set of mutually-assisting memes.*' *(Dawkins 1976, p. 212)*; '*Memes for blind faith have their own ruthless ways of propagating themselves.*' *(Dawkins 1976, p. 213)*.

In Dennetts Überlegungen die Memetik betreffend, war weitgehend der Evolutionsalgorithmus entscheidend, den die Meme durchliefen, weniger die Frage, wo Meme genau lokalisiert seien (also vertritt er „Dawkins A" + EA), allerdings gibt er zu bedenken, dass zwei Personen, die dasselbe Mem teilen, wohl kaum auch die neuronale Landschaft teilen würden, was an der neuronalen Dynamik des Gehirns läge (Dennett 1995: 356). Wilkins (1998) beschrieb ein Mem ebenfalls recht allgemein als eine kleinste Einheit soziokultureller Information, die gerade groß genug sei, um positiv oder negativ selektiert zu werden. Eine starke Parallele zu Williams klassischer Definition des Gens fällt hier ins Auge, eine Definition, die auch Dawkins Genbegriff sehr stark beeinflusste (s. o.). Delius (1989: 45) dagegen beschreibt Meme als „Konstellationen von aktivierten und nicht-aktivierten Synapsen innerhalb neuronaler Gedächtnisnetzwerke" und bezieht damit allgemein die „Dawkins B" Position und etwas genauer, die von mir benannte (Q2) Variante. Plotkin (1993: 251) hingegen beschreibt ziemlich genau die (Q1) Variante, wenn er Meme als Ideen oder Repräsentationen, also „das innen liegende Ende einer Wissensbeziehung" bezeichnet. Sehr ähnlich verhält es sich bei Brodie (1996).

Laut Gatherer (1998) handelt es sich bei Memen um Verhaltensweisen oder kulturelle Artefakte, er versteht den Membegriff also teilweise behavioristisch. Der eingeführten Terminologie folgend, bezieht er also eine (P) Position, genauer (P1). Meme sind demnach also weder Gedanken, Ideen oder andere idealisierte Einheiten und man muss auch nicht mühsam im Gehirn nach kulturellen Replikatoren suchen.[35]

Dawkins B: (*referring to the original Dawkins A definition, above*) '...*I was insufficiently clear about the distinction between the meme itself, as replicator, on the one hand, and its 'phenotypic effects' or 'meme products' on the other. A meme should be regarded as a unit of information residing in a brain...... It has a definite structure, realized in whatever physical medium the brain uses for storing information....I would want to regard it as physically residing in the brain.' (Dawkins 1982, p. 109); 'The phenotypic effects of a meme may be in the form of words, music, visual images, styles of clothes, facial or hand gestures.....' (Dawkins 1982, p. 109).*

35 Diese behaviorale Definition deckt sich in vielen Punkten mit dem Kulturbegriff, denn auch die evolutionären Psychologen Cosmides und Tooby vorschlagen, auch bei ihnen besteht Kultur primär aus Verhalten (vgl. Cosmides & Tooby 1992: 117). Allerdings ist bei ihnen –typisch für

Sperber (2000: 5) greift eine Genotyp/Phänotyp Unterscheidung auf, wobei der Genotyp der Instruktion (der Verhaltensanweisung in einem sehr vagen Sinne) entspricht, der Phänotyp aber der fertigen Expression. Eine auf Papier gezeichnete Form (um Sperbers Beispiel aufzugreifen) wäre also phänotypisch, die mentale oder vokale Anweisung, sie zu zeichnen, genotypisch. Es muss allerdings erwähnt werden, dass Sperber diese Unterscheidung nur oberflächlich einführt, um im weiteren Verlauf das Memkonzept generell zugunsten seiner eigenen Kulturtheorie, der „Epidemiology of Representations" (EOR) aufzugeben, auf die später noch genauer eingegangen wird.

Der Hirnforscher Adam McNamarra (2011) schlägt eine Unterscheidung zwischen *i-memes* und *e-memes* vor (internal/external), unterscheidet also, unserer Terminologie folgend, zwischen (P) und (Q), wobei er am Ende beide Positionen gelten lässt und als sich notwendig ergänzend betrachtet. Schurz bezieht ebenfalls klar die „Dawkins B" Position, seiner Meinung nach die *„Standardauffassung"*, eine Anmerkung, welche sich bezweifeln lässt, legt sich jedoch nicht eindeutig auf Q1 oder Q2 fest.[36] Er schreibt:

> *„Ich werde im Folgenden Meme [...] als erworbene Informationen im Gehirn bzw. Geist verstehen, weil mir die Vorteile einer klaren Mem-Phän Unterscheidung zu überwiegen scheinen. Darüber hinaus hat diese Auffassung den Vorteil, dass die Reproduktion von Memen nicht mehr nur eine beliebige Informationsübertragung ist, sondern auf Lernleistungen des Gehirns eingeschränkt wird. [...] Damit ein Schriftstück oder ein technisches Gerät als Mem funktioniert, braucht es Subjekte, die es verstehen und aus ihm heraus die Bedeutung rekonstruieren können. [...] Geräte auf einem toten Planeten würden niemals evolvieren (Schurz 2011: 211)".*

Nicht nur das kulturelle Artefakt, sondern das gekoppelte System der menschlichen Kognition und der Produktions- und Nutzungsweise sei die reproduktive Einheit, zumindest Schurz zufolge.

---

die evolutionäre Psychologie – kulturelles Verhalten letztlich durch die Gene determiniert und „entfaltet" sich lediglich. Diese Ansicht teilt diese Arbeit nicht, wie oben bereits ausgeführt.

36 *„Meme sind [...] mentale oder neuronale Strukturen, je nachdem ob man Mentales auf Neuronales reduzieren möchte oder nicht."* (Schurz 2011: 210).

2.5 Der Membegriff als bloße Metapher?

Die begriffliche Inkonsequenz Dawkins und die daraus resultierende ausgeführte Debatte führte bei einigen Autoren (einschließlich Dawkins selbst, vgl. Dawkins 1982: 112) zu einer kritischen Einstellung gegenüber der Theorie. Trotz der anfänglichen Plausibilität und dem intuitiven Zugang dieser neuen Sichtweise auf Evolution und menschliche Kultur, schien es sich bei dem Begriff des Mems letztlich um eine gelungene *Metapher* zu handeln, nicht mehr und nicht weniger, da man sich nicht auf genaue theoretische Identitätskriterien einigen konnte und somit kaum ernsthafte Forschung in Gang kam. Die oftmals vernommene Kritik (vgl. Basalla 1988: 25f.), Meme seien nur Metaphern ist jedoch bei genauerer Betrachtung nicht sehr stichhaltig, da sich Entitäten der KE keineswegs nur metaphorisch, sondern buchstäblich fortpflanzen, untereinander variieren und eine unterschiedliche Fitness aufweisen. Es kommt hier schlicht darauf an, was als Mem definiert wird.

Metaphorisch wäre die Theorie in der Tat, würde man etwa von einer Evolution kultureller oder technischer Artefakte sprechen. Technische Geräte oder andere kulturelle Errungenschaften erstellen keine Kopien ihrer selbst (wie auf der physikalischen Ebene liegt das Problem bei der *Reproduktion* um den EA vollständig anwenden zu können), sie tun dies nur „im übertragenen Sinne", daher wäre es, verstünde man die Memtheorie auf diese Weise, eine Metapher und keine echte Theorie.

Zudem halten heute viele Autoren eine Unterscheidung zwischen dem Mem als nützliche Arbeitsdefinition bei der Untersuchung von KE und der „Memetik" als revolutionärem neuem Wissenschaftszweig oder gar als komplett eigene Wissenschaft für angebracht (vgl. u. a. Sperber 2000: 11). Ich halte ersteres für weit bescheidener und realistischer, eine eigene Mem-Wissenschaft kann und muss es wohl kaum geben, vielmehr ist die naturalistisch motivierte Erforschung der Kultur ein interdisziplinäres Projekt, ähnlich wie die Kognitionswissenschaft eines ist.

3. Die Theorie der „Epidemiology of Representations"

Eine alternative Möglichkeit zum memetischen Ansatz – welcher dennoch naturalistisch ist – bietet der bereits erwähnte Anthropologe und Kognitionswissenschaftler Dan Sperber mit seiner Theorie der *„Epidemiology of Representations (EOR)"* an, welche er in seinem Buch *„Explaining Culture"* (Sperber 1996) entwickelt und an vielen anderen Stellen (u. a. Sperber 2008) weiter ausbaut.[37] Die Theorie in ihrer Gesamtheit, so wie ihre kritische Betrachtung, müsste aus Komplexitätsgründen Gegenstand einer eigenen Arbeit sein, und kann hier nur unvollständig und unter dem Fokus einer für die Arbeit relevanten Perspektivenübernahme wiedergegeben und bearbeitet werden.

3.1 Mentale und öffentliche Repräsentationen

Sperbers EOR liegt ein dualer *Repräsentationsbegriff* zugrunde. Er macht eine grundlegende Unterscheidung zwischen *„mentalen"*[38] und *„öffentlichen Repräsentationen"* (vgl. Sperber 1996: 32), die beide konstitutiv für jenen Prozess sind, den wir als Kultur bezeichnen. Orientiert man sich an allgemeinen begrifflichen Kriterien für mentale Repräsentationen in der Philosophie des Geistes, so haben Repräsentationen stets eine prozesshafte Struktur. Eine

---

37 *„To explain culture, then, is to explain why and how some ideas happen to be contagious. This calls for the development of a true epidemiology of representations."* (Sperber 1996: 1)

38 Eine darstellende Untersuchung der Debatte über mentale Repräsentationen würde (selbst wenn man nur die Philosophie des Geistes zu Wort kommen ließe), abermals den Rahmen dieser Arbeit sprengen. Im Allgemeinen wird mentale Repräsentation als dreistellige Relation zwischen Träger bzw. Repräsentat, Repräsentandum oder intentionalem Objekt und repräsentierendem Subjekt definiert. (vgl. Metzinger 2010: 23f.) Dem Träger der Repräsentation kommt die abstrakte Eigenschaft des Inhalts aufgrund der zwischen ihm und dem Repräsentandum bestehenden Relation, der Intentionalitätsrelation, zu. Den gesamten Prozess des Repräsentierens bezeichnet man als Repräsentation. Für eine Einführung in die Thematik und allgemeine Kriterien für Theorien mentaler Repräsentationen vgl. u. a. Stich (1992) oder Bartels (2005).

kulturelle Repräsentation durchläuft im Prozess ihrer Weitergabe innerhalb einer Gesellschaft – im Rahmen eines Transmissionsprozesses höherer Ordnung – immer wieder interne und externe Trägersysteme, wandert also einfach gesagt vom Kopf eines Menschen hinaus in die Welt und wieder in einen Kopf usw. Eines der Hauptanliegen der EOR ist es zu zeigen, wie mentale und öffentliche Repräsentationen zusammenhängen, also eine theoretische Brücke zwischen psychologischen Phänomenen und der Kultur zu schlagen.

„Öffentliche Repräsentation" ist bei Sperber ein sehr weitgefasster Begriff. Sowohl deskriptive als auch normative, verbale als auch nonverbale, komplexe und einfache Repräsentationen sind von diesem Typ (vgl. ebd.: 77). Das wichtigste Kriterium stellt lediglich ihre öffentliche Zugänglichkeit dar, welche sie von mentalen Repräsentationen unterscheiden. Man könnte sich die Frage stellen, welche Art repräsentationaler Bezugnahme wohl die grundlegendere ist, allerdings verhält es sich hier ein wenig wie mit Henne und Ei. Für Kognitionspsychologen (Sperber führt Jerry Fodor als repräsentatives Beispiel an, ebd.: 78) sind es mit Sicherheit die mentalen Repräsentationen, sie stellen eine Art Bedingung der Möglichkeit öffentlicher Repräsentationen dar, was einleuchtend ist. Außerdem können mentale Repräsentationen ohne ihre öffentlichen „Artgenossen" existieren, was wohl umgekehrt nicht zutrifft. Es ist jedoch auch möglich, anders zu argumentieren. Sozialwissenschaftler, aber auch Philosophen wie der späte Wittgenstein (oder Tyler Burge, ebd.) würden öffentliche Repräsentationen für grundlegender halten, zum einen da sie, im Unterschied zu mentalen, empirisch erfassbar sind. Bei ihnen stellt sich also kein „Erste-Person Problem". Zudem kann man die These vertreten, dass mentale Repräsentationen aus einem Vorgang des Internalisierens öffentlicher Repräsentationen entstanden sind. Die Faustregel würde hier lauten: „Zuerst Sprache, dann Gedanken", was genau genommen jedem nichtmenschlichen Tier die Möglichkeit, mentale Repräsentationen auszubilden, abspräche, da diese nicht über Sprache verfügen. Doch diese Frage soll hier nicht entschieden werden, da sie für unser Vorhaben kaum von Belang zu sein scheint.

3.2 Interpretation statt Imitation

Für eine umfassende *Erklärung* von Kommunikation und Kultur müssen, Sperber zufolge, stets beide Bereiche (mental und öffentlich) beobachtet und beschrieben werden, sowie die jeweilige Kausalkette, welche eine mentale Repräsentation in eine öffentliche umwandelt und umgekehrt. Diese Erklärung (*explainig culture*) kann nur durch ein interdisziplinäres Zusammenfinden (zumindest) der Wissenschaften Anthropologie für die äußeren und Psychologie für die inneren Faktoren des kulturellen Entwicklungsprozesses geleistet werden (vgl. Sperber 1996: 56ff.). Diese sähen sich nämlich mit ähnlichen Problemen konfrontiert, welche durch eine wechselseitige Zusammenarbeit gelöst werden könnten. Kulturelle Transmission ist zum Beispiel nicht ohne bestimmte biologisch bedingte „Veranlagungen" (*dispositions*) und/oder psychologisch bedingte „Anfälligkeit" (*susceptibility*) der teilnehmenden Personen, bestimmte Arten von Repräsentationen eher zu kommunizieren als andere, denkbar (ebd.: 66)[39]. Sperber formuliert: „*The process of communication can be factored into two processes of interpretation: one from the mental to the public, the other from the public to the mental.*" (ebd.: 34). Um diese Schritte durchführen zu können, ist die Fähigkeit der an einer Kultur partizipierenden Personen vonnöten, Inhalte immer neu zu *interpretieren,* was dem Erstellen einer mentalen *Metarepräsentation* (die früher oder später abstrakt genug ist, um als „öffentliche Repräsentation" kommuniziert zu werden) entspricht: „*An interpretation is a representation of a representation by virtue of a similiarity of content.*" (ebd.). Durch Einführung des Begriffs der „Interpretation" löst Sperber also das Problem der Metarepräsentation (vgl. u. a. Over 2003), welches eine Anforderung an eine gute Theorie mentaler (und wohl auch öffentlicher) Repräsentationen darstellt.

Es ließe sich nun die teleofunktionalistisch orientierte Fragestellung formulieren, was die genaue Funktion der menschlichen Fähigkeit, Metarepräsentationen (also immer abstraktere Interpretationen) zu bilden, eigentlich ist. Menschen können nicht nur Tatsachen aus der Umwelt oder Körpergefühle repräsentieren, sondern eben auch mentale Repräsentationen. Dies verleiht ihnen u. a. die Fähigkeit, abstrakte Kategorien konstruktiv zu

---

39 Beispielsweise haben Menschen eine biologisch-genetische Disposition (phylogenetisch), süße Nahrung zu konsumieren, da der Verzehr von Zucker für unsere Vorfahren sehr energiehaltig und vorteilhaft war. Hieraus kann aber (ontogenetisch) eine Anfälligkeit, zu viel Zucker zu konsumieren als gut für den Organismus ist, erwachsen. Der Erfolg von Kulturprodukten wie z. B. Pralinen oder anderem Naschwerk in allen menschlichen Kulturen ist auf diese Disposition und die Anfälligkeit zurückzuführen.

bilden oder auch an Tatsachen, Sätzen oder Gedanken zu zweifeln. Ein Schema wie wahr/falsch bzw. korrekt/inkorrekt stellt zum Beispiel eine mögliche Form dar, Information in eine Metarepräsentation einzubetten. Außerdem können auf diese Weise auch unvollständige oder nicht ganz verstandene Tatsachen verarbeitet (und kommuniziert, was für unsere Belange noch wichtiger ist) werden. (vgl. Sperber 1996: 71f.). Wenn etwa ein kleines Kind den Satz: „Herr Müller ist tot." äußert, aber noch kein Konzept von „tot" hat, so bettet es eine nicht oder nur fragmentarisch verstandene Information in eine Metarepräsentation („Es ist ein Fakt, dass der Müller tot ist, was immer „tot" bedeutet.") ein und geht mit ihr um. Das Kind kann diese Information innerhalb seiner Kultur nun auch kommunizieren und sie so zu einer öffentlichen Repräsentation (einem „Mem") machen. Die evolutionäre (nicht: die „biologische"!) Funktion (im Sinne von Millikan, s. o. 2.4.) Metarepräsentationen zu bilden ist also zum einen, eigene gedankliche Inhalte auf einer neuen Abstraktionsebene überprüfen zu können[40], zum anderen „beschädigte", also halb- bzw. nichtverstandene Informationen kommunizieren zu können, womit wir uns im Bereich der KE befinden. Somit stellt sich – sollte Sperber recht haben – die Fähigkeit, Metarepräsentationen bilden zu können, als Brückengesetz zwischen psychischen und kulturellen Phänomenen heraus.

Anders als in der blackmoreschen Variante der Memtheorie, welcher von einer möglichst exakten Replikation – dem Imitieren – eines Mems von einer Person zu einer anderen ausgeht, beschreibt Sperber den Prozess der Informationsweitergabe zwischen Personen immer als interpretativ und somit als zutiefst konstruktiv. Jede Interpretation ist immer ein klein wenig anders als ihr „Vorfahre", abhängig von der Person, welche sie erstellt. Die Idee eines bloßen Kopierens kultureller Inhalte wäre, Sperber zufolge, eine viel zu starke Simplifizierung des Transmissionsprozesses (s. o. 2.3.). Auch wenn solche Fälle durchaus vorkämen (z. B. Kettenmails), so seien sie für eine allgemeine Erklärung von Kultur explanatorisch von geringer Relevanz (ebd.: 103). Die psychologischen Faktoren (Sperber nennt sie „Schlüsselfaktoren"), welche zur Weitergabe bestimmter Arten von Repräsentationen beitragen, haben immer in die Erklärung mit einzufließen. Kulturelle Information, so sie

---

40 Eben dies scheint auch nur möglich zu sein, wenn eine neue Abstraktionsebene eingeführt wird, man ist sehr an Gödels Unvollständigkeitssatz (s. o.) erinnert.

geteilt wird, ist weder einerseits völlig randomisiert, noch stellt sie eine jeweils exakte Kopie ihres „Vorfahren" dar. Sie ist sowohl „perservativ" als auch „konstruktiv" (vgl. Sperber 2008: 287).

3.3 Transformative Mechanismen der Ausbreitung öffentlicher Repräsentationen

Wie kommt nun hinreichende kulturelle Stabilität zustande, so ausgeprägt, dass man geneigt ist – wie es die Memetik im Allgemeinen tut – von exakten Replikationsmechanismen auszugehen? Auch darauf gibt es eine mögliche Antwort. In Anlehnung an Richersons und Boyds Modellierungen vermutet Sperber (ebd. 289), dass auch die konstruktiven Elemente kultureller Transmissionen letztlich zu deren generationenübergreifenden Stabilität beitragen, da Personen in ähnlichen Situationen dazu tendieren, Information auf eine ähnliche Weise konstruktiv zu interpretieren, wofür sowohl biologische als auch psychologische Veranlagungen/Anfälligkeit (s. o.) verantwortlich sind.[41] Dennoch sind randomisierende Effekte aufgrund der Hyperkomplexität und der oben beschriebenen „logischen Kreativität" kognitiver Systeme (s. o. Kapitel 1.4.2.) niemals auszuschließen, weshalb man kulturelle Information auch nur statistisch ermitteln kann und eine Typenreduktion nicht möglich ist. Natürlich sind sich die Personen dieser Tatsache nicht bewusst und halten sich für autonome „Selbstdenker". Auch wenn der Gedanke zunächst paradox anmutet, so verdanken viele öffentliche Repräsentationen ihren hohen Ausbreitungserfolg – ihre kulturelle Fitness – dem Fakt, dass sie eine sehr hohe interpretative Idiosynkrasie aufweisen. Dies ist, Sperber zufolge, begründbar durch eine menschliche Disposition für das Interpretieren. Je mehr Möglichkeiten, eine mentale Repräsentation bietet, immer neue Metarepräsentationen zu konstruieren, ohne schnell an ein „richtiges" oder „falsches" Ergebnis zu kommen, desto erfolgreicher (häufiger) wird sie demnach sein. Auf diese Weise erklärt Sperber u. a. den

---

41 „*In cultural transmission, the limits of perservative processes are, we claim, to a crucial extent compensated by the convergence of constructive processes.*" (Sperber 2008: 289). Diese sind identisch mit den „*epimemetischen Faktoren*", welche ich weiter unten im Rahmen des „Mehrebenenmodells" einführe (s. u. Kapitel 4.7.).

Ausbreitungserfolg von religiösem und mystischem Gedankengut in allen Kulturen über viele Jahrtausende (vgl. Sperber 1996: 90).

Sperber unternimmt es an anderer Stelle (ebd.: 98ff.), einen genaueren Einblick in die Mechanismen der Ausbreitung öffentlicher Repräsentationen zu geben. Man könnte Sperbers repräsentationalistischen Ansatz wohl als eine spezielle Art „Ähnlichkeitstheorie" bezeichnen. Solche Theorien fassen die Relation zwischen Repräsentat und Repräsentandum als eine Ähnlichkeitsrelation auf. Allerdings sehen sie sich mit dem Problem konfrontiert, die Asymmetrie der Intentionalitätsrelation erklären zu müssen, denn „Ähnlichkeit"[42] ist eine symmetrische Relation. Durch den Satz: „*Of particular interest are causal chains from mental representations to public productions [...], where the causal descendants of a representation resemble it in content*" (ebd.: 99), wird deutlich, dass Sperber, solange er eine naturalistische Erklärung von Kultur liefern möchte welche darwinistisch orientiert ist, den Imitationsprozess als tragenden Mechanismus für die Weitergabe kultureller Repräsentationen aber ausschließt, zu zeigen hat wie genau öffentliche Repräsentationen anhand von Ähnlichkeitskriterien innerhalb einer Kultur weitergegeben werden.

Wie bereits oben beschrieben muss der Fakt, dass sich die Überzeugungen vieler Leute sehr ähneln, nicht unbedingt damit zu tun haben, dass sie von einer Person zur anderen „kopiert" wurden. Vielmehr könnten bestimmte affektive und kognitive Prozesse vieler verschiedener Personen schlicht auf

---

42 Sperber bezieht sich explizit auf den Begriff der „*Familienähnlichkeit*", welchen wir bei Wittgenstein vorfänden (vgl. Sperber 1996: 17). Sprachspiele etwa, eines der zentralen Phänomene der KE und durchaus vergleichbar mit Sperbers „öffentlichen Repräsentationen", lassen sich, Wittgenstein zufolge (vgl. PU: 65), nicht anhand eines gemeinsamen Merkmals definieren. Es ließe sich vielmehr für jedes potentielle Wesensmerkmal immer ein Sprachspiel finden, das es nicht besitzt, obwohl es klarerweise zur Klasse der Sprachspiele gezählt wird. Auch wenn kein solches allen Klassen von Begriffen gemeinsames Wesensmerkmal existiert, so zieht sich doch ein verbindendes Element, die „Familienähnlichkeit", durch sie hindurch. Abstrakt lässt sich „Familienähnlichkeit" so darstellen:
A und B gleichen sich in der Eigenschaft x,
B und C dagegen in der Eigenschaft y,
dies bedeutet nicht, dass sich A und C in einer bestimmten Eigenschaft gleichen müssen, aber es zieht sich ein Band der „Familienähnlichkeit" durch A, B und C.

sehr ähnliche Weise strukturiert sein, so dass viele Personen *„psychologisch attraktive Standpunkte"* (ebd.: 106) im Raum aller möglichen Sichtweisen einnehmen, welche am Ende dann eine auffallende Ähnlichkeit aufweisen. Analoges könnte auch für die Sprache gelten, wie es Linguisten wie Chomsky und Pinker (s. o.) nahelegen. Sprache würde damit nicht erlernt, sondern „erschlossen" (inferred). Auch Boyd und Richerson sprechen in ihren evolutionstheoretischen Modellierungen der Kultur von *„biased transmission"* (1985: 8f.). Sperber gibt auch das Beispiel von Mythen oder anderen narrativen Kulturelementen, welche bestimmt oftmals „verfälscht" werden, dann jedoch – in der dritten oder vierten Generation ihrer Weitergabe – wieder in eine „richtige" (psychologisch attraktivere) Richtung tendieren: *„Resemblance among cultural items is to be explained to some important extend by the fact that transformation tend to be biased in the direction of attractor positions in the space of possibilities."* (Sperber 1996: 108).

Diese „Attraktor-Positionen" im Raum der Möglichkeiten lassen sich sehr leicht graphisch darstellen, wie die folgende Abbildung zeigt.

Abb. 3: Attraktoren bei der Ähnlichkeitsverteilung öffentlicher Repräsentationen (Sperber 1996: 109).

				95	96	97	98	99	100
				85	86	87	88	89	90
				75	76	77	78	79	80
				65	66	67	68	69	70
				55	56	57	58	59	60
									50
		33	34	35					40
21	22	23	24	25	26	27	28	29	30
11	12	13	14	15	16	17	18	19	20
1	2	3	4	5	6	7	8	9	10

Angenommen, eine Population von nur 100 *Typen* öffentlicher Repräsentationen ist in einer Gruppe von Personen, einer Kultur, anfangs zufällig verteilt. Jeder „Typ" ist durch eins der 100 Kästchen dargestellt, wie viele *Token* es insgesamt sind, ist für das Beispiel hier nicht von Belang. Die Typen ähneln sich untereinander mehr oder weniger, je weiter sie in der Graphik auseinander liegen, desto weniger Ähnlichkeit weisen sie auf. Typ (13) gleicht beispielsweise Typ (23) in sehr starkem Maße, Typ (89) dagegen kaum noch. Nach einer bestimmten Anzahl verstrichener „Generationen" (eine Generation entspricht einer erfolgreichen Weitergabe einer bestimmten öffentlichen Repräsentation von einem Individuum an ein nächstes) hätten wir es – Sperber zufolge – mit folgender Verteilung zu tun (Abb. 3). Einige „Typen" sind nun weitaus häufiger vertreten, wobei die absolute Anzahl der Repräsentationstoken etwa gleich bleibt. Je dunkler die Felder, desto häufiger tritt dieser Typ nun auf. Auffallend ist, dass sich die meisten Repräsentationen nun um bestimmte Typen herum verteilen, ihnen also in verschiedenen Bereichen recht ähnlich sind. Diese sehr dunklen Kästchen, hier Typ (24) und (77), sind die „Attraktoren", sie üben auf alle Anderen eine starke „Anziehung" aus, will heißen, nach mehreren Generationsdurchläufen werden alle anderen Repräsentationen ihnen immer ähnlicher. Bedingt durch die sehr hohe „Mutationsrate" bei jeder Reproduktion kultureller Information (s. o.), ist es sehr wahrscheinlich, dass kein Typ jemals einen Nachkommen genau desselben Typs produziert (ausgenommen im Falle der echten Replikation, wie sie die Memetik im Sinn hat, die ja hin und wieder auch vorkommt) sondern immer einen benachbarten, einen ähnlichen. Doch diese Variation ist nicht völlig zufällig, obwohl dies in manchen Fällen bestimmt geschieht, meistens jedoch weist sie eine klare Richtung auf und zwar hin zu einem *Attraktor*. Es existiert also eine höhere statistische Wahrscheinlichkeit, dass sich öffentliche Repräsentationen in bestimmte Richtungen hin ändern, und das auf diese Weise erklärt werden kann, warum innerhalb einer real existenten Kultur eine so hohe „Stabilität" (Ähnlichkeit) des kultursemantischen Gehaltes (Tradition, Meinungen, institutionelle Stabilität) vorherrscht. Wir haben es in der KE also in der Regel mit *„gerichteter Variation"* (vgl. Schurz 2011: 225) zu tun. Beim Aufeinanderprallen verschiedener Kulturen zum Beispiel, würde es dann wieder einige „Generationen" benötigen, bis neue Attraktoren erkennbar werden. Eine solche Anhäufung von Repräsentationen kann den jeweiligen Attraktor stärken, ihn aber im weiteren Fortgang der KE auch schwächen. Als Beispiel seien hier die rapiden Richtungswechsel in der Bekleidungsmode angeführt, ein bestimmter Typ Kleidung verliert seine *Attraktivität* für Konsumenten nach einer Zeit eben *wegen* ihres vorherigen Erfolges.

Natürlich ist ein solcher Attraktor nur ein abstraktes, statistisches Konstrukt, ähnlich wie eine „Mutationsrate" oder ein „genetisches Driften" in der BE. Natürlich zieht ein kultureller Attraktor nicht im physikalischen Sinne etwas an sich, eine kausale Erklärung müsste in empirischen Einzelfällen geliefert werden und es ist absolut abhängig von der Situation und er Umwelt, wo kulturelle Attraktoren angenommen werden können. Diese entstehen, schwinden und bewegen sich in historischer Zeit. Sperber zufolge sind es vor allem psychologische und ökologische Faktoren, welche die Richtung der Variation und damit die Attraktoren bestimmen. Diese Faktoren zu verstehen ist für eine Erklärung von Kultur ebenso wichtig, wie die chemische Zusammensetzung der DNA für die Genetik. Auch „mentale Module", also Gehirnstrukturen welche in Anpassung an die Umwelt der Vorfahren entstanden sind, sind solche kulturellen Attraktoren (vgl. Sperber 1996 119ff.).

3.4 Interpretation als gerichtete Variation innerhalb der KE

Sperbers Untersuchungen zeigen, dass der kulturelle Transmissionsprozess keine simple eins-zu-eins Replikation sein kann, sondern immer ein interpretativer Aspekt hinzukommt. Dies geschieht so häufig, dass man von „gerichteter Variation" sprechen kann. In der BE kommt gerichtete Variation nicht vor, sämtliche Mutationen laufen „blind", also zufällig ab. Erst die Selektion gibt den zufälligen Variationen eine Richtung, so dass aus der BE ein *quasiteleologischer* Prozess wird. In der KE scheint das offensichtlich anders zu sein, denn die Variationen werden, bevor sie von einem Individuum reproduziert werden, in eine von eben diesem Individuum intendierte Richtung gelenkt. Bedeutet das, dass wir den EA auf den kulturellen Entwicklungsprozess nicht anwenden können, dass also keine echte kulturelle Evolution stattfindet? Es ist doch eine wichtige Voraussetzung evolutionärer Prozesse, dass sie eine prinzipielle Ergebnisoffenheit aufweisen und eine rational geplante Komponente passt nicht in dieses Schema, wie auch Hull (1982: 307ff.) als Kritik gegen die KE betont. Dieses Unterkapitel soll zeigen, dass gerichtete Variation nicht dazu führt, die KE aufgeben zu müssen.

Donald Campbell äußerte einmal den Gedanken, dass letztlich alle Variation auf jeder evolutionären Ebene blind seien (vgl. Campbell 1974: 57), ohne jedoch zu bestreiten, dass *Rationalitätskriterien* bei der Variation der KE ein große Rolle spielten. Sperbers gesamtes Attraktor-Modell kann in dem Satz zusammengefasst werden, dass bei der kulturellen Variation der Faktor

Rationalität (im Sinne gerichteter Zielerreichung) von großer Wichtigkeit zu schein scheint. Besonders beim Spracherwerb scheint dies deutlich, da ein Lernender einer fremden Sprache sehr schnell bestimmte Sprachstrukturen „erschließt" und nicht etwa alles blind auswendig lernt. Auch das Beispiel des Nachzeichnens des Sterns auf der einen und der bedeutungslosen Figur auf der anderen Seite (s. o. 2.3.) zeigt diese Fähigkeit des Menschen, eine Figur „als Ganzes" zu erkennen, also eine semantische Reproduktion anzufertigen, ein Mechanismus, der dem syntaktischen Replizieren (zumindest an Geschwindigkeit) überlegen zu sein scheint. Es spielt für das Argument hier eine untergeordnete Rolle, ob diese Form der transformativ wirkenden *Rationalität* immer „bewusst" in Erscheinung tritt. Wichtig ist, dass der psychologische Apparat einer Person, ihre biologischen Dispositionen oder ihr Wissen und ihre Überzeugungen, welche sie während ihres Lebens erworben hat, den Transformationsprozess stark beeinflussen. Die von Sperber als „Interpretation" bezeichnete Fähigkeit (s. o.), ist ein sehr gutes Beispiel für diese gerichtete Variation bedingt durch kognitive Prozesse.

Dieser Fakt konstituiert jedoch keinen echten Einwand gegen die Anwendbarkeit des EA auf die Kultur. Wie Schurz betont, bedeutet rationale Zielgerichtetheit bei der Variation im besten Falle lediglich, dass die Evolution schneller verläuft, weil weniger dysfunktionale Variationen „blind" durchlaufen werden müssen. (vgl. Schurz 2011: 225). Im schlimmsten Falle kann auch das genaue Gegenteil der Fall sein. Bestimmte Variationen, welche einen „optimal fit" darstellen würden, kommen auf diese Weise nicht zum Zug, da kein Mitglied der Kultur sie sich „erschließt". Somit haben „blinde" Variationen, wie in der BE, auch einen Vorteil, nämlich ihre Unvoreingenommenheit. Jede Gerichtetheit von Variation stellt eine *„induktive Abkürzung"* (ebd.: 226) des Such- bzw. Optimierungsprozesses der KE aufgrund höherer kognitiver Mechanismen dar. Durch den statistischen Fakt, dass gerichtete Variationen im Schnitt jedoch effektiver zu sein scheinen als blinde, kann auch die enorme Geschwindigkeit der KE im Vergleich zur BE erklärt werden (s. o. 1.4.1.).

3.5 „Attraction-Modell" und „Baldwin-Effekt"

Ein weiterer Grund, Sperbers Attraktion Modell zuletzt nicht für eine epidemiologische, sondern eine evolutionstheoretische Erklärung zu nutzen, ist seine hohe Ähnlichkeit mit dem sogenannten „Baldwin-Effekt". Dieser von James Baldwin bereits im Jahre 1896 beschriebene und von Hinton und Nowland (1987) wiederentdeckte Effekt beschreibt gerichtete Variation innerhalb der KE anhand eines mathematischen Modells. Rezipiert wird dieser Effekt u. a. bei Dennett (1995, 77ff.) oder Schurz (2011, 264f.). Der Baldwin-Effekt beschäftigt sich mit der für die Gesamtfitness positiven Eigenschaft zusammengesetzter Merkmale, also solcher Merkmale, welche ihrerseits aus mehreren funktional relevanten Teilmerkmalen bestehen. In der BE würden diese nur sehr selten gemeinsam mutieren, da dies eine gerichtete Variation implizieren würde. In der KE kommt eben dieser Fall jedoch sehr häufig vor. Ein Beispiel dafür ist die kulturelle Fähigkeit, Körbe zu flechten (vgl. Schurz, ebd.). Um nämlich einen Korb zu flechten, müssen verschiedene behaviorale Fähigkeiten beherrscht werden, daher kann man es als zusammengesetztes Merkmal bezeichnen (Abb. 3).

Abb. 3: Fitnessverteilung über den Teilmerkmalen MA und MB eines zusammengesetzten Merkmals M. (a) Ohne Baldwin-Effekt und (b) mit Baldwin Effekt (vgl. Schurz 2011: 265). Man beachte die Übereinstimmung von (b) und Sperbers Attraction-Modell, würde man letzteres dreidimensional darstellen.

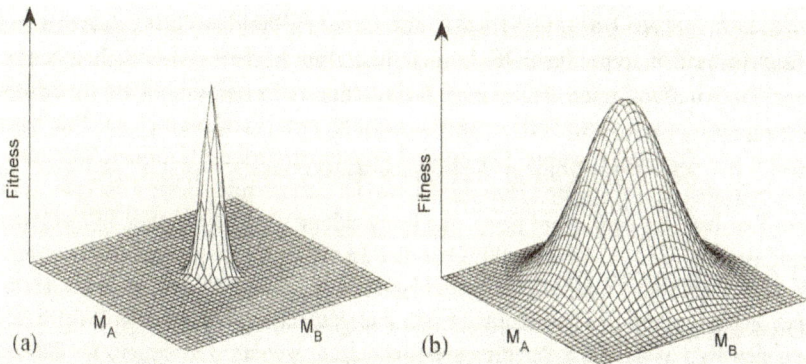

Nimmt man der Modellierungseinfachheit halber an, es bestünde nur aus zwei Teilmerkmalen, etwa der Finderfertigkeit (MA) und dem räumlichen Vorstellungsvermögen (MB), welche gemeinsam M ausmachten.[43]

Nur M als zusammengesetztes Merkmal bietet den Selektionsvorteil, während dieser bei einem alleinigen Vorkommen einem der beiden Teilmerkmale nicht gegeben ist. Würde es sich bei den Teilmerkmalen um genetisch vererbte Merkmale handeln, so ist die Wahrscheinlichkeit, dass beide gemeinsam innerhalb eines Organismus entstehen seht gering (vgl. Fig. (a) in Abb. 3). Mit anderen Worten: Das Verhalten „Korbflechten" würde nicht, oder nur als sehr lokales Optimum entstehen. Anders verhält es sich jedoch, bezieht man die kulturelle Übermittlung von Techniken, vor allem soziales Lernen mit ein. Wer genetisch bedingt nur über MA verfügt, kann MB im Rahmen der KE *erlernen* und vice versa. Bezieht man diesen Fakt in die Überlegungen mit ein, bietet bereits der Besitz eines der beiden Teilmerkmale einen Selektionsvorteil. Genau dieses Phänomen bezeichnet man als Baldwin-Effekt. Es entsteht folglich ein weit gestreuter Anstieg der Fitness (vgl. Fig. (b) in Abb. 3), wobei das absolute Optimum beider Merkmale ähnlich wie bei Sperber einem kulturellen Attraktor entspricht, um den sich alle anderen Kombinationsmöglichkeiten nach dem Kriterium der Fitness absteigend positionieren. Ich meine zu erkennen dass, erweitere man Sperbers Grafik (s. o.) um eine weitere Raumdimension, man eine Fitnessverteilung öffentlicher Repräsentationstypen erhielte, die ziemlich genau dem Baldwin Effekt entspricht. Auch in diesem Fall gilt, dass eines der Teilmerkmale nicht unbedingt eins-zu-eins von einem anderen Kulturmitglied übernommen werden musste, sondern auch auf rationalem Wege, quasi autodidaktisch, erschlossen werden kann um seine Fitness zu entfalten.

3.6 Zwischenfazit

Die Kulturtheorie Dan Sperbers, die EOR, ist eine naturalistisch motivierte Theorie. In diesem Punkt unterscheidet sie sich nicht von der Memtheorie in all ihren Spielarten. Allerdings hält Sperber es für sinnvoller, keine

---

43 In Wahrheit sind bei den allermeisten kulturellen Prozessen natürlich weitaus mehr Merkmale simultan beteiligt, was eine Modellierung erforderlich macht, welche über sehr viel mehr Dimensionen verfügen müsste.

darwinistische Erklärung für die Entwicklung kulturellen Inhalts heranzuziehen, sondern eine Epidemiologie von Repräsentationen, eine epidemiologische Erklärung also. Er unterscheidet *mentale* und *öffentliche* Repräsentationen und zeigt, wie durch die Fähigkeit Metarepräsentationen zu bilden eine mentale zu einer öffentlicher Repräsentation werden kann, welche sich dann (mit einer sehr hohen „Mutationsrate") in einer Kultur verteilt. Man könnte verallgemeinern in dem man festhält: Sperber *ersetzt* den Begriff des Mems durch den Begriff der öffentlichen Repräsentation. Er tut dies um auf psychologische Mechanismen besser eingehen zu können, welche sich in Form von „Veranlagung" oder „Anfälligkeit", als konstituierend für eine Kultur erweisen und von der Memetik kaum behandelt werden. Außerdem zeigt er, dass die Grundidee der Memtransmission als eins-zu-eins Replikation, der konstruktiven Weitergabe öffentlicher Repräsentationen nicht gerecht wird und den Prozess zu stark vereinfacht.

Das Problem an Sperbers Theorie ist – meines Erachtens – der Repräsentationsbegriff, welcher sehr weit gefasst ist. Aber was genau ist eine mentale oder eine öffentliche Repräsentation, wie sei diese wiederum zu identifizieren? Sperber legt sich hier nicht genau fest. In seinem Attraktor-Modell etwa geht es um die Fitness bestimmter *Typen* von Repräsentationen bestimmt durch Ähnlichkeitskriterien. Wie genau aber konstituiert sich eigentlich Typenidentität bei öffentlichen Repräsentationen? Wann genau kann man mit Sicherheit sagen, diese und jene öffentliche Repräsentation sei vom Typ 23, diese andere jedoch vom Typ 24? Wenn eine Kulturtheorie überprüfbare Hypothesen generieren soll, stößt man schnell auf das Kriterium der fehlenden Identitätskriterien, ein Problem, welches die Memetik sehr gut kennt (s. o. 2.5.). Egal ob man eine darwinistische oder eine epidemiologische Art der Erklärung bevorzugt, je besser die kleinsten Basiseinheiten identifizierbar sind, welche Kultur prozesshaft hervorbringen, desto besser lässt sich mit der Theorie in der Praxis arbeiten. Die Einführung des Begriffs der „Repräsentation" führt aber nur dazu, dass man sich sehr schnell mit einem neuen Identifikationsproblem konfrontiert sieht.

Ich denke, dass es, wenn man den Begriff „kulturelle Evolution" verwendet, wie Sperber es mehrfach tut (vgl. Sperber 1996, 2000, 2008), auch eine evolutionäre Theorie (und nicht eine epidemiologische) als Erklärung sinnvoller ist. Auch lassen sich „Interpretation" und „Rationalität" in eine solchen Theorie unter dem Begriff „gerichtete Variation" integrieren. Die

Ähnlichkeitsverteilung öffentlicher Repräsentationen wäre auch durch den Baldwin-Effekt, bezogen auf die Fitnessverteilung zusammengesetzter Merkmale innerhalb der KE-Theorie beschreibbar. Allein würden so Verhaltensmerkmale anstelle öffentlicher Repräsentationen untersucht, was die empirische Zugänglichkeit und Beobachtbarkeit enorm erleichtern würde. Auch ließe sich das, was Sperber und Wilson als „effect-effort ratio" (Sperber 1996: 53) bezeichnen, nicht nur auf öffentliche Repräsentationen, sondern auch auf kulturelles Verhalten anwenden.[44]

Die Memtheorie ist eine solche Theorie. Wenn sich also klar identifizierbare Einheiten als Meme definieren *ließen,* und weiterhin psychologische Mechanismen bei der Memweitergabe berücksichtigt *würden,* so könnte sich eine solche „überarbeitete" Memtheorie als explanatorisch wertvoller erweisen, wenn man Kultur erklären möchte. Das folgende letzte Kapitel wird versuchen, hierfür einen möglichen Lösungsansatz anzubieten.

---

44 *"In the process of transmission, representations are transformed. This occurs not in a random fashion, but in the direction of content that requires lesser mental effort and provide greater cognitive effects. This tendency to optimize the effect-effort ratio – and therefore the relevance of the representation transmitted [...]"* (Sperber 1996: 53). Man ersetze den Begriff „representation" im Zitat durch den Begriff „Verhaltenseinheit" und man erhält ein Modell, in dessen Rahmen empirisch überprüfbare Hypothesen möglich sind, denn Verhalten ist direkt beobachtbar.

4. Das Mehrebenenmodell (MM) der verallgemeinerten Evolutionstheorie

Der Inhalt dieses letzten Kapitel wird in einer explanatorischen Zusammenführung des bisher Dargestellten bestehen, mit dem Ziel, ein theoretisches Modell zu erstellen, auf dessen Grundlage weitere Forschung möglich sein könnte. Es handelt sich um eine metatheoretische Überlegung (eine Theorie *über* verschiedene Theorien) und beendet so die bisher sehr interdisziplinär gehaltene Arbeit, welche mit einer philosophischen Unterscheidung zwischen Natur und Kultur begann, mit einem abstrakten Modell, einer Metatheorie, wodurch wieder eine Anknüpfung an die Philosophie erfolgt.

Verschiedene Entwicklungsprozesse, welche funktional alle mit dem Prädikat „evolutionär" ausgestattet werden können, bilden die Grundlage des Gedankens dieser „verallgemeinerten Evolutionstheorie" (Schurz 2011). Wie können nun die unterschiedlichen parallel und reziprok ablaufenden evolutionären Prozesse in ein allgemeines Schema gebracht werden?

Ausgehend von genereller nichtreduzierbarer Komplexität eines evolutionären Systems auf ein anderes (s. o.), soll im Folgenden das nebenstehende.

Abb. 4: Das Mehrebenenmodell (MM) der verallgemeinerten Evolutionstheorie.

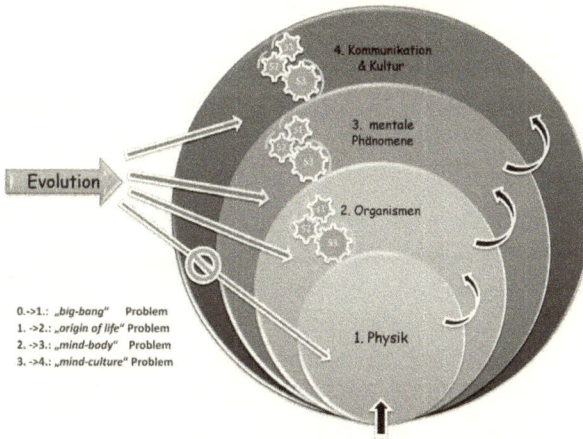

Evolution

4. Kommunikation & Kultur

3. mentale Phänomene

2. Organismen

1. Physik

0.->1.: „big-bang" Problem
1. ->2.: „origin of life" Problem
2. ->3.: „mind-body" Problem
3. ->4.: „mind-culture" Problem

Modell eingeführt werden, auf das mittels Abduktion geschlossen wurde. Ich möchte es als *„Mehrebenenmodell der verallgemeinerten Evolution"* (MM) bezeichnen (Abb. 4). Vier von verschiedenen Wissenschaften untersuchte Gebiete werden hier in einen evolutionstheoretischen Rahmen gesetzt – das physikalische (1), das biologische (2), das Gebiet der psychologischen Phänomene (3) und schließlich das der Kommunikation und Kultur (4).

Auf allen Ebenen (mit Ausnahme der ersten, s. u.) haben wir es mit offenen, selbstregulierenden Systemen zu tun, welche ihre eigene Struktur und *„normische Gesetzmäßigkeiten"* (s. o. durch einen evolutionären Prozess erwarben und auch aktiv beibehalten, dabei gegenläufige Umweltkräfte durch Selbstregulation kompensierend.

Es ergeben sich aus wissenschaftstheoretischer Perspektive vier „Übergangsprobleme", also Erklärungslücken prinzipieller Art, beim begrifflichen Übergang von einer Ebene auf eine jeweils andere. Diese Übergangsprobleme treffen interessanterweise im Kern vier sehr alte und bis heute existierende philosophische Fragen.

4.1 Das „Big-Bang Problem"

Beim Übergang von der „nullten" auf die erste Ebene, das Gebiet der Physik, haben wir es mit dem *„Big-Bang"* Problem zu tun, repräsentiert durch die Frage aller Fragen: „Warum ist überhaupt etwas und nicht vielmehr nichts?" oder etwas konkreter: „Was war vor dem Urknall („big bang") und woher kommt die physikalisch messbare Struktur der Welt, bekannt als Naturgesetze?" Interessanterweise haben wir es auf Ebene 1 noch nicht mit echter Evolution zu tun, obgleich es Überlegungen dazu gegeben hat. Smolin (1997) entwickelte eine evolutionäre Erklärung für die Parameter unseres Universums vor der Entwicklung des Lebens auf der Erde. Er wandte den EA auf die Entwicklungsprozesse im Universum aus der Makroperspektive an. Die Module *Variation* und *Selektion* sind dabei unproblematisch. Es existieren verschiedene Strukturen im Universum, welche als mehr oder weniger stabil betrachtet werden können. Die instabileren Strukturen „überleben" nicht sehr lange und werden von der Umwelt selektiert. Allerdings war Smolin im Folgenden auf metaphysische Spekulationen angewiesen, etwa darauf, dass jede Implosion eines schwarzen Lochs einen neuen Urknall und damit ein phasenverschobenes aber ähnliches Tochteruniversum erzeuge, was als

Reproduktion beschrieben wurde, einem der zentralen Module evolutionärer Algorithmen. Ein Universum reproduziert sich also durch schwarze Löcher, je mehr schwarze Löcher ein Universum demnach hat, desto besser ist es im evolutionären Wettstreit mit anderen Universen. Eine faszinierende und brillante Idee, leider aber nicht falsifizierbar, denn es ist nach heutigem physikalischen Erkenntnisstand nicht (niemals) möglich, empirische Kenntnisse über andere Universen zu erlangen. Daher kann man im Falle der physikalischen Entwicklung[45], zumindest bezogen auf Gegenstände makroskopischer Größenordnung, nicht von echter „kosmischer" Evolution sprechen, wohl aber von „Protoevolution", ein Begriff, den Schurz (2011: 127) prägte.

4.2 Das „Origin-of-Life" Problem

Beim Übergang von der ersten auf die zweite Ebene stellt sich die Kernfrage: „Wie wird aus unbelebter Materie Leben?", das *„Origin Of Life Problem"*. Es gibt zu diesem Übergang viele Theorien und sie haben einen sehr hohen abduktiven Wert, sind also höchst wahrscheinlich.[46] Leider konnte keine Hypothese bis heute mit *absoluter* Sicherheit nachgewiesen werden, aber mit an Sicherheit grenzender Wahrscheinlichkeit wird dies in Zukunft geschehen. Und selbst wenn dies nicht geschähe, so ist die Evolutionstheorie die bislang *beste Erklärung* für die Entwicklung aller lebenden Systeme. Die biologisch-genetische Evolution (BE) ist der mit Abstand am besten

---

45 Es muss allerdings betont werden, dass es *„die Physik"* gar nicht gibt, vielmehr gibt es zwei *„Physiken"*, will heißen, zwei übergreifende Paradigmen, welche zur Zeit noch nicht aufeinander reduzibel sind. Diese werden durch die allgemeine Relativitätstheorie (Makrophänomene) und die Quantenmechanik (Mikrophänomene) repräsentiert. In den Makrostrukturen kann von echter Evolution nicht gesprochen werden, ob aber im Bereich der Quantenmechanik der evolutionäre Algorithmus auf irgend eine Weise Anwendung findet, entzieht sich meiner Kenntnis.

46 Namentlich seien hier die sogenannten *„Miller-Experimente"* angeführt (nachzulesen bei Schurz 2011: 102), welche sich durch das *„Eigensche Paradoxon"* auszeichneten, dass wiederum plausibel durch reziproken Altruismus auf der Ebene protozellulärer RNS empirisch überwunden werden konnte. Wo genau das erste sich replizierende Molekül, der erste Replikator (Dawkins 2007: 56ff.) auftrat, ob an „schwarzen Rauchern" in der Tiefsee oder, folgt man Charles Darwin, im seichten ufernahen Wasser, wird in der Biologie noch immer debattiert.

erforschte Evolutionsprozess, seine Entdeckung war namensgebend für die Struktur als solche und für die allermeisten Naturwissenschaftler bewegt sich die Evolution einzig und allein auf dieser Ebene. Eine verallgemeinerte Evolutionstheorie ist erst dabei, sich zu etablieren. Bemerkenswert aus unserer Perspektive ist der Fakt, dass echte Evolution (im Sinne des *dennettschen* Algorithmus) im Rahmen der BE zum ersten Mal auftrat und zwar in Form primitiver Replikatoren, welche viel einfacher gebaut waren als heutige Gene.

4.3 Das „Mind- Body" Problem

Der Zwischenraum zwischen der zweiten und dritten Beschreibungsebene wird symbolisiert durch das in der theoretischen Philosophie bekannte *„Leib-Seele Problem"*[47], in all seinen Spielarten. Wenn im Folgenden von *„mentalen Eigenschaften/Ereignissen/Phänomenen"* die Rede ist, so ist dies eine Art Sammelbezeichnung für all jene Entitäten, welche man für gewöhnlich in „mentalistischem" Vokabular beschreibt. Beispiele hierfür sind Überzeugungen, Wünsche, Bedeutung, bewusste Erlebnisse und Intentionalität. Es kann sich hierbei um Eigenschaften, Ereignistypen oder Prozesstypen u. a. handeln.[48] Im Unterschied zu anderen Sichtweisen (vgl. Reuter 2003: 7) möchte ich jedoch soziale und kulturelle Phänomene explizit von mentalen unterscheiden. Ich bin der Meinung, dass ein begriffliches Zusammenlegen dieser beiden Bereiche – obwohl aus pragmatischer Sicht durchaus sinnvoll (vgl. u. a. Searle, 1995) – einen Problembereich völlig ausklammert, und zwar den, dass sich soziale/kulturelle Phänomene *niemals* auf die mentalen Phänomene einer einzelnen Person reduzieren bzw. etwas schwächer ausgedrückt, mit diesen hinreichend erklären lassen. In Erinnerung an Wittgensteins *„Philosophische Untersuchungen"* (vgl. Wittgenstein 2001), ist bekannt, dass zur Konstitution eines sozialen Phänomens (in dem Fall eine Sprache) immer mindestens zwei Personen notwendig sind, welche beide über unterschiedliche mentale Eigenschaften dasselbe Bezugsobjekt (in diesem Fall ein kulturelles) betreffend, verfügen können.

---

47 Eine umfassende Einführung in die neuere Debatte des „Leib-Seele Problems" in der zweiten Hälfte des 20. Jahrhunderts bietet Metzinger (Hrsg.) 2006.

48 Für unseren Zweck sind es freilich Prozesstypen, da die (mentale) Evolution ein *Prozess* ist, in welchem diese Phänomene auftauchen.

Im *Privatsprachenargument* zeigt er, dass die Verwendung von Wörtern einer Privatsprache sinnlos ist. Indem Wittgenstein sich gegen die Möglichkeit einer solchen Sprache wendet (PU 258), wendet er sich gleichzeitig gegen die These, dass in unserer eigenen Sprache Begriffe für Psychisches, wie z. B. das Wort „Schmerz", auf solche privaten Episoden Bezug nehmen. Nach Wittgensteins Bedeutungstheorie lernen wir solche Wörter in intersubjektiven Sprachspielen. Ein rein privates Erlebnis lässt sich nicht intersubjektiv vermitteln, wohl aber der Umgang mit ihm. Desweiteren kommen noch externe Umweltfaktoren hinzu, welche ebenfalls in die Erklärung eines sozialen/kulturellen Phänomens einzufließen haben. Dies kann jedoch eine Theorie, welche sich ausschließlich mit mentalen Eigenschaften, wie individuellen propositionalen Einstellungen oder Qualia (phänomenalen Eigenschaften) beschäftigt, nicht leisten.[49]

Eine der möglichen Grundfragen auf der mentalen Ebene könnte lauten: *„Wie erscheint[50] eine Welt im Gehirn"*? Wie entstehen also Bewusstsein, mentale Inhalte und Kognition in kausalem Verständnis aus Neuronen? Die Intuition, dass Bewusstsein reduzibel auf Prozesse im Gehirn sein könnte, begann mit einem berühmten Aufsatz von U. T. Place (1956), welcher eine enorme interdisziplinär geführte Debatte in der akademischen Philosophie, den Kognitions- und Neurowissenschaften auslöste, die bis

---

49 Ausgenommen vielleicht, man vertritt einen aktiven Externalismus („extended mind"), welcher Umweltfaktoren mit einbezieht, da er Kognition auch als externen Prozess betrachtet. Das Qualiaproblem, das Problem der Irreduzibilität einer phänomenalen ersten Person-Perspektive löst diese Position allerdings ebenfalls nicht. Außerdem zeigt der aktive Externalismus nicht, ob es sich bei der Erweiterung des Geistes um einen evolutionären Prozess handelt. Es wird im Folgenden darauf noch genauer eingegangen (s. u.).

50 Thomas Metzinger beschreibt das Phänomen des Bewusstseins als das *„Erscheinen einer Welt"* (Metzinger 2009: 32), die Biologen H. Maturana und F. Varela formulieren: *„Das Nervensystem empfängt keine Information, wie man häufig sagt. Es bringt vielmehr eine Welt hervor, indem es bestimmt welche Konfigurationen der Umwelt Perturbationen darstellen und welche Veränderungen diese im Organismus auslösen."* (Maturana & Varela, 1984: 185). An dieser Stelle argumentieren die Autoren ausdrücklich gegen eine repräsentationalistische Theorie neuronaler Systeme, da sie den Kern der Sache völlig verfehle. Das Gehirn tue vieles, erstelle aber keineswegs „Abbilder" der Welt. Zu diesem Punkt gibt es verschiedene Meinungen.

heute andauert. Ein Problem des physikalischen Reduktionismus (in diesem Zusammenhang in seiner stärksten Form auch „eleminativer Materialismus"[51] genannt) ist jedoch im Rahmen unseres Modells die komplette Unterschlagung der zweiten Ebene. Spricht man von biologisch evolvierten Organismen, so treten mentale Phänomene (bislang) nur bei Systemen auf, welche in der Biologie untersucht werden, also einen Stoffwechsel aufweisen, sich fortpflanzen, sterben usw. Anders formuliert: Sollten sich biologische Systeme (welche offen, umweltabhängig und selbstreproduzierend sind) *nicht* auf geschlossene physikalische Systeme, welche in idealisierter Form einzig von den Naturgesetzen beherrscht werden, reduzieren lassen – und die *Hyperkomplexität* (s. o.) der normischen Gesetzmäßigkeiten offener Systeme spricht für diese prinzipielle Unmöglichkeit – so lassen sich auch auf den biologischen Systemen laufende mentale oder kognitive Systeme nicht auf die Physik reduzieren. Der Reduktionismus wird somit zu einer metaphysischen Spekulation. Das Leib-Seele Problem ist sowohl eines der philosophischen Ontologie, der Phänomenologie als auch der Epistemologie.

Warum benötigen wir im Rahmen des MM eine evolutionäre neuronale Beschreibungsebene und gehen nicht gleich von der biologisch-genetischen über zur kulturellen Ebene? Organismen bestehen aus Zellen, deren „Bauplan" stark von Genen und epigenetischen Faktoren abhängt, die ihrerseits Objekte der biologischen Evolution waren. Zusätzlich verfügen viele Organismen aber über ein komplexes Nervensystem und ein Gehirn, welches ebenfalls der biologischen Evolution entstammt. Der Prozess, welcher die genetischen Dispositionen zur Entfaltung bringt, und bei einem Embryo ein zentrales Nervensystem konstruiert, ist definitiv kein evolutionärer Entwicklungsprozess (vgl. Schurz 2011: 258). Allerdings ist dieses System selbst lernfähig, es ist in der Lage, von der genetischen Prägung unabhängige Informationen aus dem Körper (intern) und natürlich der Umwelt des Organismus (extern) zu verarbeiten und sich nachhaltig dem Milieu angepasst zu verändern (Adaption). Neuronen erfüllen diese Aufgaben, da sie sich mit anderen Zelltypen und untereinander vernetzen. Durch ihre enorme Ausdehnung verbinden sie Zellelemente, welche (aus zellulärer

---

51 Einer der prominentesten Vertreter dieser Sichtweise ist Paul Churchland (vgl. Beckermann 2000: 245ff.).

Perspektive) im Organismus weit auseinanderliegen. Dieser Verband von Neuronen, das neuronale Netzwerk, verläuft durch den gesamten Körper und ist bei weitem nicht auf das Gehirn beschränkt („embodied cognition") und ist selbst ein sich selbst organisierendes System. Es verbinden beim Menschen mehrere hundert Milliarden Interneuronen (als „Gehirn" geschaltet zwischen sensorischen und motorischen Neuronen) etwa eine Million Motorneuronen, die viele Tausend Muskeln aktivieren und mehrere zehn Millionen sensorische Zellen involvieren, welche über den gesamten Körper verteilt sind (Maturana & Varela, 1987: 173ff.).

Was evolviert nun auf der Ebene mentaler Phänomene? Es gibt mehrere Kandidaten von Einheiten, die hier den EA durchlaufen könnten. Auf der einen Seite könnte man Qualia als Reproduktionseinheiten anführen, und sich damit in Bezug auf die physikalische Grundierung neutral verhalten. Es gibt verschiedene Arten von Erlebnissen in unserem Geist (Variation), aber potentiell mehr, als ins unser Bewusstsein gelangen können (Selektion). Probleme bereitet an dieser Stelle allerdings abermals die echte Reproduktion. Zwar tauchen gleiche oder zumindest sehr ähnliche Erlebnisse immer wieder in der mentalen/phänomenalen Landschaft auf, allerdings sehe ich momentan nicht, wie oder wo ein Quale ein anderes, gleiches aus sich selbst reproduziert. Eine andere Möglichkeit wären die neuronalen Korrelate von Erlebnissen und kognitiven Prozessen, welche bezüglich ihrer physikalischen Identität weit weniger Schwierigkeiten bereiten würden, da man sich nicht mit dem Leib-Seele Problem konfrontiert sähe. Allerdings ist diese rein neuronale Sichtweise aus der Sicht der Philosophie des Geistes nicht sehr spannend, denn die mentale/kognitive Evolution würde sich dadurch lediglich als ein Sonderfall der biologisch-genetischen entpuppen. Nervenzellen haben (wie alle anderen Zellen auch) Gene in ihrem Zellkern, welche dafür sorgen, dass neue Zellen reproduziert werden, die denselben genetischen Code aufweisen. Es findet also echte biologisch Zellreproduktion im Gehirn statt, man spricht hier auch von „Neurogenese" (vgl. Ming & Song 2005). Ein Leib-Seele Problem wäre so zwar umgangen, aber nicht gelöst, da unklar bleibt, *warum* neuronale Systeme Bewusstsein und Qualia aufweisen bzw. verursachen oder warum in und durch neuronale Netzwerke propositionale Einstellungen entstehen.

Abb. 5: Epigenese durch selektive Stabilisation von Synapsen.

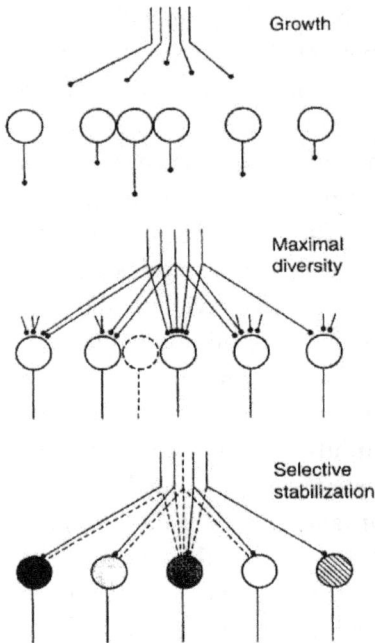

Growth

Maximal
diversity

Selective
stabilization

Die aus meiner Sicht beste Lösung besteht hier darin, ein vorläufiges Brückengesetz, in Form einer der Genetik entlehnten *Genotyp/Phänotyp* Unterscheidung einzuführen. In einem späteren Abschnitt wird darauf noch genauer eingegangen. Der Genotyp (oder in diesem Fall *„Neurotyp"*) sei die neuronale Komponente eines Erlebnisses, der Phänotyp (welcher sogar denselben Wortstamm wie *„phänomenales Bewusstsein"* oder „Phänomenologie", aufweist – ein in diesem Fall glücklicher Zufall) dagegen das dazugehörige Quale, das *phänomenale* Erlebnis. Diese Unterscheidung bietet sich deshalb an, da sie auch der Multirealisierbarkeit von Qualia gerecht wird. Ein- und derselbe Neurotyp kann verschiedene Qualia zur Folge haben (Kontextsensitivität), ebenso wie in der Genetik ein Genotyp verschiedenste Merkmale codiert.[52] Es stellt sich allerdings die Frage, welche Einheiten genau auf dieser Ebene den EA durchlaufen. Sind es die Neuronen, Verbände von Neuronen oder nur Teilstrukturen von Neuronen, welche den „Neurotyp" bilden? Wahrscheinlich sind sogar innerhalb der neuronalen Ebene parallel mehrere evolutionäre Realisierungsebenen möglich.[53]

---

52 Dieses empirisch erwiesene Phänomen trägt in der Genetik den Namen „Poly phenie" (Dawkins 1982) und ist interpretierbar als eine Analogie der Multirealisierbarkeit von Qualia.

53 Man könnte zum Beispiel Verbände von Neuronen, einzelne Neuronen, neuronale Information im allgemeinen oder auch selbstreplizierende Prionen (Eiweiße), welche synaptisches Wachstum und viele Erinnerungsfunktionen möglich machen, als evolvierende Grundeinheiten annehmen.

Der Neurologe und Nobelpreisträger Gerald Edelman (1993) vertritt die These des „Neural Darwinism", welche besagt, dass bei höheren Gehirnfunktionen (Erinnerung, Denken) eine Art Gruppenselektion unter Verbänden von Neuronen stattfindet, (Abb. 5). Er sieht das Gehirn nicht als repräsentativen Speicher von Inhalten des Erlebten an, sondern als dynamisches System, welches seinen eigenen evolutionären Prozess durchläuft. Verschiedene Varianten von neuronalen Netzwerken (oder genauer, deren synaptischen Verbindungen) werden durch die häufige oder weniger häufige Übertragung elektronischer Signale auf eine sehr differenzierte und komplexe Weise selektiert (ebd.: 117). Edelmann schätzt die explanatorische Kraft dieses Ansatzes sehr hoch ein, da sowohl Phänomene wie die:

> „diversity of neurotransmitters and their receptors, the remarkably plastic properties of cortical maps, the problem of cortical integration and figure-ground segregation during perception, and the development of precise motor coordination in neuromuscular assemblies, [...]" (ebd.: 119)

erklärbar und auf abstrakterer Ebene modellierbar werden und somit fundamentale Einsichten in die Funktionsweise des Gehirns als Ganzem gewonnen werden können. Mehrere Autoren innerhalb der Hirnforschung haben diese These aufgenommen und weiterentwickelt. Changeux etwa spricht von einer „evolution of connective state(s) of each synaptic contact" (Changeux, 2005: 87). Eine weitere Rezeption des „Neural Darwinism" findet sich auch beim Hirnforscher Karl Friston, welcher diesen auf direktem Wege mit den von ihm modellierten Theorien zur „Optimierung freier Energie" (free-energy optimisation) in Verbindung bringt. Dort liest man: „The beauty of neural Darwinism is that it nests selective processes within each other. In other words, it eschews a single unit of selection and exploits the notion of meta-selection" (Friston 2011: 110).

Der Philosoph Richard Menary vertritt ebenfalls die These, dass Verbindungen zwischen Neuronen anhand „selektiver Kräfte" modifiziert wurden, welche er als „error minimizing" bezeichnet. Aber diese „error minimisation"[54] (Menary 2007: 114) fördere, analog zur BE, auch keine

---

54 Die Parallele zu neueren Theorien, welche unter dem Schlagwort „predictive coding" zusammengefasst werden können und die den Ansatz vertreten das Phänomene wie Aufmerksamkeit und Bewusstsein, dem Gehirn dazu dienen, auf mehreren Ebenen Vorhersagefehler (prediction errors) zukünftiger Zustände der

absoluten, sondern nur lokale Optima, „gute Lösungen" für umweltbedingte Probleme.

Patricia Churchland und Terrence Sejnowski bringen die Ansicht, im Gehirn laufe ein Evolutionsprozess ab, schließlich auf den Punkt, wenn sie schreiben:

> *„This is just to state the familiar thesis of natural selection in a neuronal context: the modification to nervous systems that are preserved are by and large those modifications that contribute to the organism's survival in its niche[...]. In other words, by dint of parameter adjusting procedures (such as back propagation and competitive learning), nervous systems, ontogenetically and phylogenetically, appear to be finding local minima in their error surfaces."* (Churchland und Sejnowski, 1992: 133)

Es gibt noch einen weiteren Fall, den Schurz (2011: 141) als „individuelle Evolution" (IE) bezeichnet und der sich völlig im kognitiven Bereich ereignet, und zwar Lernen durch Versuch und Irrtum („trial and error"), das *klassische* und das *operante Konditionieren,* insbesondere letzteres. Bei dieser Form des Lernens werden spontane Variationen vermittels neuer Verhaltensweisen erprobt und durch Belohnung/Bestrafung positiv/negativ selektiert. Schon Calvin (1996), Edelman (1989) oder Plotkin (1993) bezeichneten das Lernen durch Konditionierung als evolutionären Prozess (vgl. u. a. Schurz 2011: 258.) Die Reproduktion erfolgt hierbei im weitesten Sinne durch Speicherung im Gedächtnis und Reaktivierung bei Bedarf. Die neurologische Grundlage des klassischen Konditionierens ist empirisch gut erforscht. Die sogenannte „Hebb-Regel" (ebd.) besagt, dass die Erregungsleitung zwischen zwei Neuronen oder Neuronenclustern, deren gemeinsame Aktivität gewisse Merkmale repräsentiert, einen immer niedrigeren Widerstand besitzt, je öfter die beiden Neuronen extern synchron stimuliert werden. Dieser Lernmechanismus, in Kombination mit hochsensiblen Sinneszellen, ermöglichen es dem tierischen Organismus (Lernen via Konditionierung ist sehr weit verbreitet im Tierreich), seine Lebensweise auf ein wesentlich höheres Komplexitätsniveau einzustellen, als es auf genetischem Wege programmierbar sein könnte, denn im Unterschied zu Genen können Gehirne

---

Umwelt zu minimieren (vgl. u. a. Howy 2012), ist ersichtlich, ebenso deren große Kompatibilität mit einem autonomen kognitiven Evolutionsprozess, verstanden als selektive Optimierung.

unmittelbar auf Umweltfaktoren *reagieren*. Auch bei Millikan (2003: 103) liest man Derartiges. Dieser Komplexitätsanstieg wird durch einen autonomen evolutionären Prozess möglich, der allerdings noch nichts mit Kultur oder *Memen* zu tun hat.

Es ist nun nicht mehr viel Phantasie erforderlich, um sich eine im einzelnen Organismus (ontogenetisch) stattfindende Evolution, vielleicht nicht der Neuronen selbst, aber doch der Arten ihrer Verbindungen und Struktur vorzustellen.

4.4 Das „Mind-Culture" Problem

Um schließlich die Lücke zwischen dem Psychologischen und dem Sozialen zu schließen, müsste ein weiteres Problem, das *„Mind-Culture Problem"* gelöst werden, welches uns in dieser Arbeit hauptsächlich beschäftigt hat. Die Frage ist: „Wie gelingt dem Geist die Übersetzung von Information in Sprache, Gestik und anderen Formen des kommunikativen Verhaltens in externe Signale, welche dann vom Rezipienten wiederum decodiert und in mentale Information übersetzt werden?", oder wie Sperber es ausdrücken würde: „Wie können mentale Repräsentationen kommuniziert werden"? Letztere betrifft vor allem den Themenbereich der *sozialen Kognition*, dort ist es als *„Problem der sozialen Intentionalität"* bekannt. John Searle spricht an dieser Stelle auch von *„kollektiver Intentionalität"* ohne die Sprache und Gesellschaft nicht möglich wären. Er schreibt: *„Aber trotzdem scheint es mir, dass es eine irreduzible Klasse von Intentionalität gibt, die kollektive Intentionalität."* (Searle 2001: 141).

An dieser Stelle sei ein kurzer Exkurs in die früheste Geschichte der westlichen Philosophie, die Epoche der Vorsokratiker, gestattet. Denn bereits vor Platon finden wir einen ähnlichen Gedanken beim Sophisten Gorgias von Leontinoi, welcher im fünften Jahrhundert vor Christus in Athen lehrte und seinen berühmten *„Traktat über das Nichtseiende"* verfasste (vgl. Schirren/ Zinsmaier 2003: 51). Gorgias vertritt hier drei Thesen:

a. Nichts ist.
b. Selbst wenn etwas wäre, so wäre es nicht erkennbar.
c. Selbst wenn etwas erkennbar wäre, könnte man es nicht mitteilen.

Diese Thesen spiegeln insgesamt das hier Dargestellte gut wieder. Aus den drei negativen Thesen des Gorgias macht mein *Mehrebenenmodell der verallgemeinerten Evolution* die angeführten vier[55] (bisher) ungelösten Grundfragen der Philosophie. These a) ist eine negative Interpretation des *„Big-Bang"* Problems (s. o.), b) dagegen eine Version des *„Mind-Body"* Problems. Der Grund, warum eine vierte These fehlt, ist der, dass Gorgias und seine Zeitgenossen noch keinen prinzipiellen Unterschied zwischen Physik und Biologie kannten, er taucht (frühestens) bei Aristoteles auf.[56] Entscheidend ist nun die Tatsache, dass Gorgias in seiner auf die Spitze getriebenen Skepsis, welche einen ironischen Beigeschmack aufweist, die Wichtigkeit einer dritten These c) erkannte, sonst hätte er sie nicht mit aufgeführt. Denn aus einer möglichen Erkennbarkeit und kognitiven Verarbeitung eines Sachverhaltes folgen noch nicht die Bedingungen der Möglichkeit zu dessen Kommunikation, egal ob mittels Sprache oder eines anderen Mediums. Es sei unmöglich, Empfindungen (zu denen letztlich auch die Interpretation eines scheinbar objektiven Inhalts einer gegebenen Information x gehört) mitzuteilen. Da wir aber aus der Alltagserfahrung wissen (auch Gorgias war sich dessen selbstverständlich bewusst), dass es Personen in der Praxis sehr wohl verstehen, sich einander verständlich über Sachverhalte auszutauschen, also soziale Kognition und Kommunikation betreiben, ergibt sich hier ein prinzipielles Erklärungsproblem (*„explanatory gap"*).

Wie kommt es auf dieser Ebene der Kommunikation und Kultur zu Evolution? Eine Theorie der kulturellen Evolution (KE) könnte diese Frage beantworten und der evolutionäre Algorithmus ist problemlos auf Kommunikationsinhalte, nenne man sie nun *„Meme"* oder *„öffentliche Repräsentationen"* (Sperber, s. o.) einer Kultur anwendbar. Um allerdings exakte Forschung zu gewährleisten, müssen die „Kulturkörperchen" (Cloak 1975), also die kleinsten Einheiten der KE nicht nur mathematisch

---

55 Selbstverständlich existieren noch weitere als die angeführten vier, etwa die Grundfrage der Ethik, *„Wie kommt man von deskriptiven zu normativen Sachverhalten?"* oder *„Was ist überhaupt Normativität in einem physikalisch-biologischen Kosmos?"*. Auch diese ließe sich in einem evolutionären Modell diskutieren, würde hier jedoch den Rahmen sprengen.

56 Man könnte also Gorgias Argument heute um eine weitere Prämisse erweitern: a) Nichts ist; b) Nichts lebt; c) Selbst wenn etwas ist oder lebt ist es nicht erkennbar; d) Selbst wenn etwas erkennbar wäre, wäre es nicht mitteilbar.

modellierbar, sondern auch empirisch mess- und identifizierbar sein. Aus diesem Grunde würde ich den Memen als Grundeinheiten den Vorzug geben, allerdings unter der Voraussetzung, sie behavioral zu definieren, also als beobachtbares Verhalten, welches von Individuen reproduziert wird und dabei messbaren Variationen unterliegen kann. Dies wird im Folgenden (s. u. 4.6.) noch genauer ausgeführt.

4.5 Das MM als instrumentalistische Hypothese

Es handelt sich bei dem Mehrebenen-Modell der verallgemeinerten Evolution nicht um den Versuch, einen ontologischen Pluralismus zu eröffnen, der die vier Ebenen als *generell* voneinander getrennte Realitätsbereiche ansieht, denn diese Interpretation würde zu einer Vielzahl potentieller (und höchstwahrscheinlich nur auf metaphysischem Wege lösbarer) Folgeproblemen führen, deren Struktur aus dualistischen Theorien wohlbekannt ist.[57] Zugrundegelegt wird also ein materialistischer Ansatz, sowohl Ebene 1 wie auch Ebene 4 bestehen vollständig und allein aus physikalischen Substanzen, also aus minimalen ontologischen Voraussetzungen. Es ist auch keine externe „evolutionäre Kraft" oder etwas ähnlich Esoterisches nötig, um das Dargestellte zu erklären. Ein ähnlicher Gedanke begegnet uns in der Systemtheorie (Maturana/Varela, 1987; Schurz, 2011: 149ff., 194). Evolutionäre Systeme, und mit denen haben wir es innerhalb des Modells in den Ebenen zwei, drei und vier zu tun, sind offene, selbstregulative Systeme, die ihre identitätsstiftende Struktur durch Adaption an eine nicht zu schnell sich verändernde Umwelt aufrecht erhalten. Das bedeutet jedoch nicht, dass sie nicht ausschließlich aus physikalischer Materie bestehen.

---

57 Die ontologische Unterscheidung René Descartes zwischen *„res cogitans"* und *„res extensa"*, welche uns in den *„Meditationen über die Erste Philosophie"* (Descartes 2008), einem Grundstein der modernen Philosophie begegnet, führt, wie an vielen Stellen deutlich gemacht wurde, zu unlösbaren philosophischen Problemen und daraus folgenden weltanschaulichen Folgeproblemen (vgl. Damasio 1997). Wenn nämlich die Annahme zuträfe, dass die Realität aus zwei Ebenen bestünde, oder besser, es zwei distinkte Realitäten gäbe, dann müsste die Frage erlaubt sein, was sie verbindet und wie dies geschieht. Diese Frage ist jedoch aus begrifflichen Gründen (von empirischen ganz zu schweigen) nicht zu beantworten.

Methodologisch kann Daniel Dennetts Erklärungsmodell der *„intentional stance"* (Dennett 1998) als guter Vergleich bemüht werden, denn auch dort geht es primär nicht um eine ontologische, sondern vielmehr um eine *instrumentalistisch* motivierte Unterscheidung. Wir als Beobachter haben die Möglichkeit, die verschiedenen Ausschnitte der Realität, deren Einheit aus Gründen der Parsimonität stets vorausgesetzt wird, unterschiedlich zu betrachten und befinden uns somit in unterschiedlichen *Einstellungen („stances")* zur uns gegebenen Welt.[58] Wir tun dies, da es uns den Zugang zu den gegebenen Phänomenen erleichtert, wir benutzen die Begriffe als Instrumente. Anstatt also alles, etwa die Funktion eines Organs oder ein beobachtetes Gespräch zwischen zwei Personen physikalisch zu erklären, abstrahieren wir und reduzieren dadurch die Komplexität. Würde man versuchen (theoretisch), einen zweiminütigen Dialog zweier Personen über das allgemeine Wohlbefinden oder das Wetter *vollständig* physikalisch, also auf der Ebene von Atomen oder Quarks, wiederzugeben, so würde diese (theoretisch korrekte) Wiedergabe, die eine Auflistung aller beteiligten Teilchen und deren diachronen Beziehungen zueinander beinhalten müsste, an der bereits oben erwähnten *Hyperkomplexität* mathematisch scheitern. Bereits für mittelgroße Moleküle ist es unmöglich, die vollständige *„Schrödinger-Gleichung"*, welche diese in Bezug auf ihre quantenmechanischen Eigenschaften beschreibt, – also der kleinsten möglichen Beschreibungsebene – auch nur approximativ zu lösen (Cartwright 1983: 104f, 113f). Diese Unmöglichkeit gilt in erhöhtem Maße für Molekülgruppen oder primitivste Einzeller und erst recht für Wesen, welche Gespräche in komplexer Sprache führen.

---

58 Dennett macht mit der Unterscheidung zwischen *„physical-"*, *design-"* und *„intentional stance"* deutlich, dass wir, wollen wir komplexere Systeme wirklich verstehen, andere Arten des explanatorischen Zugriffs benötigen. So können physikalische Systeme völlig durch die Kenntnis der Naturgesetze verstanden werden, andere (z. B. biologische) erfordern schon die „design stance", also eine Betrachtung ihrer kausalen Rollen, wieder andere sind derart komplex, dass man ihnen am besten Wünsche und Überzeugungen, kurz Intentionalität zuschreibt um sie zu begreifen. Dieses Erklärungsmodell macht keinerlei Aussagen über den ontologischen Gehalt von Intentionen oder Funktionen (vgl. Dennett: *Intentionale Systeme*, übersetzt in Metzinger (Hrsg.) 2007: 494ff.).

Auch auf biologischer Ebene (ähnlich Dennetts *„design stance"*) wäre es ein unmögliches Unterfangen, müssten doch alle relevanten Körperfunktionen Erwähnung finden. Ebenso verhält es sich mit der mentalen Beschreibungsebene, in welcher alle Intentionen, die notwendig für die kognitive Leistung der Sprechenden sind in die Erklärung mit einbezogen werden müssten. Hinzu kommt an dieser Stelle, dass sich ein soziales Phänomen nicht hinreichend durch Bezug auf die mentale Landschaft einer einzelnen Person erklären lässt (s. o.); es sind mindestens zwei Personen beteiligt, sowie andere externe Faktoren, die ein soziales Phänomen konstituieren. Es besteht jedoch die Möglichkeit, einen Dialog zwischen zwei Personen von Ebene vier aus zu beschreiben, was immer noch hochkomplex ist, aber nicht mehr explanatorisch an der Komplexität *scheitert*.

Ohne mich an dieser Stelle zu stark festzulegen denke ich, das MM stellt im weitesten Sinne eine *instrumentalistische Hypothese* dar. Die Welt vermittels dieser vier Ebenen zu betrachten ist *nützlich,* da sie enormen Komplexitätsaufwand erspart. Alle vier Ebenen sind in gewissem Sinne aber auch nötig, da sich keine komplett auf die nächst untere reduzieren lässt. Es gilt also: „Supervenienz"[59] ohne Reduzierbarkeit.

Auf den oberen drei Ebenen laufen echte autonomen Evolutionsprozesse, auf der untersten, der physikalischen Ebene, dagegen lediglich *„Proto-Evolution"*. Auf keiner der oberen Ebenen haben wir es mit ontologisch (physikalisch) irreduziblen Entitäten zu tun, komplexere Gesamtphänomene jedoch, welche mittels der verschiedenen Ebenen untersucht werden, sind sehr wohl irreduzibel. Das bedeutet, dass eine *Tokenreduktion* an einigen Stellen, eine *Typenreduktion* jedoch niemals möglich ist. Aufgrund dieser prinzipiellen Unmöglichkeit (etwa der vollständigen Darstellung eines kulturellen Kommunikationsprozesses von der physikalischen Beschreibungsebene aus) bin ich zu diesem Zeitpunkt nicht sicher, ob der Begriff „instrumentalistisch" den Sachverhalt treffend genug beschreibt, vielleicht wäre „notwendigerweise-instrumentalistisch" („notwendig" durch eine fehlende Alternative) eine verbesserte Spezifizierung.

---

59 Zum philosophischen Begriff der Supervenienz vgl. Schurz (2011: 167).

4.6 Meme als behaviorale Einheiten im Rahmen des MM

Wie schon mehrmals wird der Fokus nun wieder auf die kulturelle Ebene gelegt, und noch einmal in den Bereich der Memtheorie zurückgekehrt. Ich bin der Ansicht, dass sich das Memkonzept – allerdings nicht ohne einige Modifizierungen, welche auf die zahlreichen Kritikpunkte verschiedener Autoren zurückgehen – zuletzt doch am besten eignet, um eine echte kulturelle Evolution zu beschreiben. Dies will ich im Folgenden begründen.

Gegner wie Befürworter der Memtheorie stimmen in der Regel überein, dass Meme aufgrund der multiplen Realisierbarkeit mentaler Gehalte keine vergleichbar eindeutige und direkte materielle Identifikation wie Gene haben. Es gibt allerdings eine Definitionsmöglichkeit des Mems, welche sich diesem Problem nicht zu stellen hat: wie oben bereits angedeutet, handelt es sich laut Gatherers (1998) *behavioraler Memdefinition* bei kulturellen Replikatoren um Verhaltensweisen, da Kultur sich letztlich aus Verhalten konstituiert. Meme sind demnach also weder mysteriöse ideelle Einheiten, wie Gedanken oder Repräsentationen und man muss auch nicht mühsam im Gehirn nach kulturellen Replikatoren suchen.[60] Auch Feldman (2008: 55f.), sowie viele andere naturalistisch motivierte Kulturforscher, erkennen die offensichtlichen Vorteile, welche sich aus einer behavioralen Definition kultureller Grundeinheiten ergeben. Verhalten lässt sich nämlich wesentlich einfacher studieren, kategorisieren und überprüfen, als neuronale Aktivitäten – von den „mentalen Repräsentationen" dieser Aktivitäten ganz zu schweigen. Feldman schreibt:

> „I argue that behavioral variation is a useful measure and/or proxy for cultural variation, especially if the research goal is postdiction, prediction, classification or comparision with, say, linguistic or genetic variation. Cultural transmission of behaviors can often be quantified theoretically and estimated empirically." (Feldman 2008: 71).

---

60 Diese behaviorale Definition deckt sich in vielen Punkten mit dem Kulturbegriff den auch die evolutionären Psychologen Cosmides und Tooby vorschlagen, denn auch bei ihnen besteht Kultur primär aus Verhalten (vgl. Cosmides & Tooby 1992: 117). Allerdings ist bei ihnen –typisch für die evolutionäre Psychologie – kulturelles Verhalten letztlich durch die Gene determiniert und „entfaltet" sich lediglich. Diese Ansicht teilt diese Arbeit nicht, wie oben bereits ausgeführt.

Auch mathematisch-spieltheoretische Überlegungen (wie z. B. verschiedene mögliche Arten des „Gefangenen-Dilemmas", welche in der Populationsgenetik schon lange Zeit Anwendung finden), sind – konzentriert man sich auf das Verhalten von Personen – weitaus plausibler.

Innerhalb einer solchen Sichtweise von Kultur wären die mentalen oder ökologischen Dispositionen *für* das untersuchte Verhalten zunächst einmal von sekundärem Interesse, völlig anders als etwa in Sperbers EOR (s. o.). Dies darf allerdings auf keinen Fall bedeuten, dass sie aus einer Beschreibung von Kultur herausfallen. Ein solcher „kultureller Behaviorismus" würde wahrscheinlich über kurz oder lang in dieselbe Falle tappen wie schon andere Spielarten des Behaviorismus vor ihm. Verhalten fällt nicht einfach vom Himmel, es hat kausale Ursachen und diese sind psychologische Phänomene. Es liegt im Aufgabenbereich von Psychologie, Kognitions- und Neurowissenschaft und nicht zuletzt auch der Philosophie als guter Begriffsforschung, diese kausalen Verknüpfungen innerhalb *sozialer Kognition* aufzudecken, zu kategorisieren und zu beschreiben, nur dann kann man Kultur wirklich erklären.

Kronfeldner, eine tiefüberzeugte Kritikerin des gesamten Memkonzeptes als Erklärung für Kultur, kritisiert, neben dem ideellen abstrakten Mem und seiner „explanatorischen Trivialität", ebenfalls Gatherers behaviorale Memdefinition[61] und umschreibt diese mit dem Begriff „*Rückzugsgefecht*" (Kronfeldner 2009: 45 Fußnote). Allerdings stellt ihre scharfe Kritik eher einen „Pyrrhussieg" dar, um diesen militärischen Jargon zu erwidern. Kronfeldner gibt nämlich ausdrücklich zu, dass wir – sofern wir Meme behavioral definieren – nun exakt messbare kulturelle Einheiten hätten und sich das „Identitätsproblem" damit auflöse (vgl. Kronfeldner 2005: 133f.). Ihr einziger weiterer Einwand besteht darin zu betonen, dass man damit allerdings einen unüberbrückbaren Dualismus zwischen Kultur und Kognition herstellen würde, eine Art zu denken, welche wir doch überwunden haben sollten, denn schließlich sind psychologische Faktoren als Konstituenten für kulturelles Verhalten absolut unentbehrlich. Kronfeldner endet mit dem Satz: „*In a nutshell, we*

---

61 „*Gatherer (1998), for instance, opts for the meme as a behavioral unit. In addition, he says that only behavioral units are cultural, while cognitive units are not. He thereby creates a dualism between mind and culture, totally separating culture from mind.*" (Kronfeldner 2005: 133).

might thereby get countable replicators, but lose our target, namely culture."
(ebd.). Es ist leicht zu erkennen, dass dieser Einwand nicht sehr weit trägt, und es bleibt der einzige. Die enorme Bedeutung psychologischer und auch ökologischer Faktoren zu unterschätzen wäre allerdings ein Fehler. Insbesondere Theorien *sozialer Kognition* arbeiten an dieser Schnittstelle. Kapitel 4.7. wird auf diesen Punkt noch genauer eingehen.

Ich möchte mich aus genannten Gründen Gatherers Ansicht, den Membegriff betreffend, weitestgehend anschließen, betone aber zusätzlich die Beachtung der Unterscheidung zwischen *Memotyp/Soziotyp,* welche begrifflich auf Grant (1990) zurückgeht. Dieser hatte jedoch den *Memotyp* als semantischen Inhalt des Mems definiert, den *Soziotyp* dagegen als die „soziale Expression". Es wird nicht vollkommen klar, ob er mit Letzterem kulturelles Verhalten oder kulturelle Artefakte oder beides bezeichnen möchte.[62] Ich halte, zusammen mit vielen anderen Autoren und entgegen der Meinung Blackmores, eine Genotyp/Phänotyp Unterscheidung für äußerst sinnvoll und zwar im Rahmen des oben skizzierten evolutionären Mehrebenenmodells auf jeder Ebene (s. o.).

Diese binäre Unterscheidung legt Augenmerk auf weitere Irreduzibilitäten *innerhalb* einer Ebene (dass die Ebenen als Ganzes nicht reduzibel aufeinander sind wurde oben schon begründet). Auf der biologisch-genetischen ist es die klassische Unterscheidung zwischen den molekular bestimmbaren Genen, erweitert um epigenetische Faktoren, und den daraus durch Proteinsynthese resultierenden Merkmalen in Aussehen und Verhalten beim Organismus. Dem Phänomen der Hyperkomplexität der Polygenie ist es

---

62 Vgl. Grant 1990, http://www.emacswiki.org/alex/meme.html (Dez. 2012):
  „**Memotyp** (memotype):
  1. Der tatsächliche Informationsgehalt eines Mems, im Unterschied zu dessen Soziotyp.
  2. Eine Klasse von ähnlichen Memen.
  Soziotyp (sociotype):
  1. Der soziale Ausdruck eines Memotyps, genauso wie der Körper eines Organismus' der physische Ausdruck (der Phänotyp) der Gene (des Genotyps) ist. Insofern ist also die protestantische Kirche ein Soziotyp des Memotyps der Bibel.
  2. Eine Klasse von ähnlichen sozialen Organisationen."

geschuldet, dass es bislang an einem universalen Übersetzungsmechanismus zwischen einem bestimmten Gen und einem bestimmten Merkmal fehlt.

Auf der mentalen Ebene begegnet uns die bereits oben beschriebene Dichotomie zwischen *Neurotyp/Phänotyp,* welche der aktuellen Problematik der fehlenden universalen neuronalen Korrelate von Bewusstsein und Qualia Rechnung trägt. Solange die Hirnforschung und Kognitionswissenschaft (noch) keinen *universal anwendbaren* Mechanismus zum „grounden" phänomenaler Erlebnisse anbieten (welcher ähnlich präzise Voraussagen über mentale Zustände ermöglichen würde wie die newtonsche Physik), klafft hier eine der Komplexität geschuldete Lücke, ähnlich wie in der Genetik, die allerdings durch vorläufige Brückengesetze überwunden werden kann. Als ein solches versteht sich die Unterscheidung zwischen Neurotyp/Phänotyp.

Auf der kulturellen Ebene schließlich schlage ich, eine an Grant angelehnte *Memotyp/Soziotyp* Unterscheidung vor. Allerdings würde ich die Begriffe mit etwas anderen Inhalten füllen. Der *Memotyp* sei im Folgenden definiert – wie das Mem bei Gatherer (s. o.) – als messbare Einheit des sozialen Verhaltens eines Organismus, welcher in kommunikativen Kontakt und somit in strukturelle Kopplung mit einem anderen Organismus tritt. Ein Mem ist demnach die Lippen- und Mundbewegung eines bestimmten Teils einer gesprochenen Sprache, eine bestimmte Geste oder eine andere Verhaltensweise, die oftmals auch auf ein kulturelles Artefakt ausgerichtet ist, welches wiederum ein Produkt vieler Verhaltensweisen ist. Letzteres ist aber selbst kein Verhalten, sondern eine *Verhaltensextension* (s. u. Kapitel 2.8.).

Betrachten wir exemplarisch – innerhalb dieser behavioralen Perspektive – die ersten vier Töne aus Beethovens fünfter Symphonie (vgl. Dawkins 2007: 326; Dennett, 1995: 344), ein Beispiel, welches sich scheinbar bei Memetikern großer Beliebtheit erfreut.[63] Man kann sie auf der Violine oder einem anderen Instrument nachspielen, sie summen, pfeifen, elektronisch aufnehmen und abspielen usw. Sind all diese verschiedenen Verhaltenseinheiten dasselbe Mem? Wenn man die behavioristische Sichtweise

---

63 Auch wenn Dawkins (2007, selbst in der sechsten Auflage!) von der neunten Symphonie spricht, was bestimmt nicht beabsichtigt war.

– anstelle einer „ideellen" – verfolgt, wäre die Antwort: „Nein". Pfeifen und Violine spielen sind zwei unterschiedliche physiologische Prozesse, dem menschlichen Gehirn gelingt es allerdings, interpretativ eine Verknüpfung herzustellen und dieselbe Melodie zu identifizieren, allerdings befinden wir uns nun bereits *nicht* mehr auf der kulturellen, sondern der kognitiven Ebene. Aber es ließe sich einwenden, dass die verschiedenen *Token* der Melodie doch in irgendeiner Form einem gleichen *Typ* angehören.

An dieser Stelle wird die Unterscheidung zwischen *Memotyp* und *Soziotyp* relevant. Man kann die Melodie nämlich kulturell kodieren (etwa anhand eines Notensystems) und damit quasi Typenidentität, einen Soziotyp mit intersubjektiver (kultureller) Semantik, herstellen. Eine des Notenlesens mächtige Person kann nun wiederum anhand der Noten ein „behaviorales grounding" vornehmen, also die Noten auf einem beliebigen Instrument nachspielen, wobei die Noten selbst – als kultursemantische Einheiten – multirealisierbar sind.

Schurz kritisiert explizit Gatherers Position in der Memdebatte, denn: „[...] *diese behavioristische Sichtweise ist wissenschaftstheoretisch als weitgehend überholt zu betrachten* [...]" (Schurz 2011: 211). Dies mag auf einer sehr generellen Ebene zutreffen, der „cognitive turn" – die Wende vom Behaviorismus zum Kognitivismus – ereignete sich in verschiedenen Wissenschaften bereits in den späten fünfziger Jahren, allerdings hat dieses historische Phänomen keinerlei argumentative Kraft per se. Außerdem greift Schurz Argument (so es denn eines ist) an dieser Stelle lediglich, wenn man über Meme im Sinne von kognitiven Korrelaten für kulturelles Verhalten spricht, also eine P-Position (s. o.) einnimmt, was er selbst tut. Somit setzt er gleichsam voraus, was noch zu beweisen ist. Die ganze Diskussion über die Wende vom Behaviorismus zum Kognitivismus (vgl. Lenzen 2002: 12) ist schließlich eine über den wissenschaftlichen Status *mentaler Gehalte*, nicht kultureller. Die Frage dort ist: Sind mentale Gehalte lediglich *Verhaltensdispositionen,* wie Gilbert Ryle (1949) betonte, oder verdienen sie eigene ontologische Beachtung? Nimmt man allerdings Gatherers Position in der Memdebatte ein (erweitert um eine *Memotyp/Soziotyp* Unterscheidung im Rahmen des MM), so definiert

Abb. 6: Unterscheidungen innerhalb des MM.

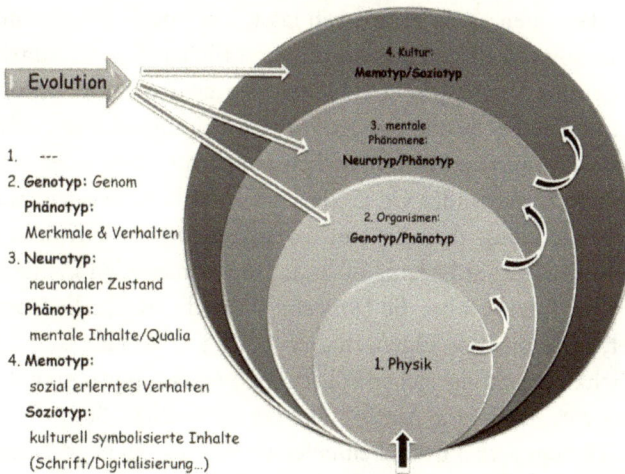

1. ---
2. **Genotyp:** Genom
   Phänotyp:
   Merkmale & Verhalten
3. **Neurotyp:**
   neuronaler Zustand
   Phänotyp:
   mentale Inhalte/Qualia
4. **Memotyp:**
   sozial erlerntes Verhalten
   Soziotyp:
   kulturell symbolisierte Inhalte
   (Schrift/Digitalisierung...)

man Meme (genauer: den Memotyp) als *Einheiten des Verhalten,* nicht als mentale/neuronale Ereignisse, welche dem beobachtbaren behavioralen Akt vorrausgehen oder ihn prädisponieren. Denn für die Untersuchung der Dichotomie dieser Ereignistypen ist im Rahmen des MM die dritte Ebene vorgesehen, nicht die vierte. Untersucht man also im Folgenden Meme, so untersucht man zunächst einmal *Verhalten.* Abb. 6 stellt diesen Zusammenhang noch einmal bildlich dar.

Man stelle sich exemplarisch vor, eine Person übt einer anderen Person gegenüber eine Geste aus, z. B. eine begrüßende Handbewegung (Winken). Alternativ könnte es auch ein begrüßendes Wort sein („Hallo."). Dieser Prozess lässt sich lediglich von Ebene vier aus *vollständig* beobachten und beschreiben. In beiden Fällen muss die Geste/das Wort eine gesellschaftliche Bedeutung (kultursemantischen Gehalt, Sprachbedeutung) aufweisen, damit die andere Person sie versteht und echte Kommunikation entstehen kann. Es genügt hierbei nicht, dass eine der Personen oder beide über eine eigene spezifische mentale Repräsentation der Geste/des Wortes verfügen (Sprecherbedeutung), obgleich dies durchaus eine notwendige Bedingung darstellt, ebenso wie die, dass beide einen physikalischen Körper haben. Zusätzlich zur mentalen Komponente muss jedoch eine kommunikative

„Angleichung" der mentalen Repräsentationen erfolgt worden sein, sprich, es muss *kultursemantischer Gehalt* entstanden sein, welcher sich auf keine der beiden Personen allein reduzieren lässt. Um Sperbers Terminologie zu verwenden: sowohl die mentalen, die öffentlichen Repräsentationen als auch die kausale Verknüpfung zwischen den beiden Arten haben stets in eine angemessene Erklärung von Kultur und Kommunikation einzufließen (s. o.). Beide Personen müssen natürlich über ein Gehirn oder ein anderes informationsverarbeitendes Gerät verfügen, welches die sensorischen Signale verarbeiten kann, aber dies sind *Voraussetzungen* für Kultur, nicht die Kultur selbst, daher sind Meme nicht auf dieser mentalen Ebene zu verorten.[64] Darüber hinaus muss die *Umwelt,* in der die kulturelle Übertragung stattfindet, über gewisse Eigenschaften verfügen, welche den Spielraum der Möglichkeiten erfolgreicher kultureller Weitergabe eingrenzt. Sperber spricht hier von *„ecological forces"* (Sperber 2008: 288). Beispielsweise darf keiner der Dialogpartner geknebelt/gefesselt sein um ein begrüßendes Wort/ eine begrüßende Geste von sich zu geben und es darf sich keine schalldichte Wand zwischen ihnen befinden, welche Sicht und Akustik völlig behindert. Semantischer Gehalt und die Fähigkeit der Kommunikationsteilnehmer, die Signale zu interpretieren, sowie auch die variablen Umweltfaktoren[65] sind jedoch, meiner Definition zufolge, ebenfalls keine Meme.

Es sind vielmehr memetische Dispositionen oder *epimemetische Faktoren,* wie ich sie im Folgenden nennen möchte (s. u. 4.7.). *Meme* sind lediglich die einzelnen Verhaltenseinheiten (bspw. Hand-/Lippenbewegung), die den Kommunikations-/Evolutionsprozess in Gang bringen. Die kulturelle

---

64 Man möge hier den *„Kurzsprech"* verzeihen, mir ist der Vorwurf des *„mereo- logischen Fehlschlusses"* im Bezug auf die Aktivitäten von Gehirnen/Neuronen/ Personen bekannt. Beim mereologischen Fehlschluss werden Eigenschaften, die eigentlich dem Ganzen zugeschrieben werden müssen, einem Teil des Ganzen zugeschrieben, oder umgekehrt. So werden psychologische Attribute dem Gehirn zugeschrieben, statt richtigerweise der Person, also dem Ganzen (vgl. Bennett & Hacker, 2010: 93).

65 Dan Sperber und Nicolas Claidiére weisen ebenfalls auf die Wichtigkeit der Berücksichtigung der Umweltfaktoren („ecological forces") hin: *Just as psycho- logical forces involve mental mechanisms that are in part genetically determined and in part the output of culturally informed cognitive development, ecological forces involve aspects of the environment that are themselves the result of human action, and therefore of human culture"* (Sperber & Claidiére 2008: 7)

Evolution wird allerdings nur unter Einbezug der epimemetischen Faktoren zu einem kumulativen Prozess und damit zu echter Evolution im starken, nicht-metaphorischen Sinne.

Interessanterweise sind die relevanten Umweltfaktoren (die sowohl als Auflage *(constraint)* als auch als Beschleunigung *(trigger)* für die KE fungieren) oftmals selbst im Laufe der KE entstanden, ein sehr gutes Beispiel für die Rekursivität (s. o. 1.3.). Kulturelle Nischen erfordern eben schon vorhandene Kultur, es fallen auf Anhieb viele Beispiele dafür ein und es wird nun auch klarer, warum im Falle der KE wirklich von *kumulativer Evolution* gesprochen werden kann.

Wenn in der folgenden Arbeit von Memen (genauer: dem Memotyp) die Rede ist, so werden diese als *Einheiten des Verhaltens* definiert, und zwar solche, welche innerhalb einer Kultur geteilt, imitiert und interpretiert werden können. Bei Mitgliedern einer Kultur gleiche sich das kommunikative Verhalten (und damit rückwirkend wohl auch das neuronale System) mehr und mehr an. Maturana und Varela sprechen hier auch von einer „Ko-Ontogenese" (1987: 197).[66] Ich vertrete, in Bezug auf die Identitätskriterien von Memen, also eine zweigeteilte (P) Position: (P1), die Handlung selbst, definiere ich als den *Memotyp,* als kleinste Einheit eines kulturellen Evolutionsprozesses, wobei Handlungen variiert, selektiert, reproduziert oder auch verknüpft werden können, ebenso wie Gene bereits in grauer Vorzeit in symbiotischen Beziehungen zu anderen Genen traten, und so komplexe Organismen konstruierten. Solche Verknüpfungen sind *Komplexe adaptiver Meme* oder kurz: *Memplexe.* Der *Mempool* einer Kultur ist die Summe der Verhaltenseinheiten, welche in ihr praktiziert werden. Ebenso wie Gene mittels komplizierter Symbiosen Organismen (Vehikel) konstruierten, welche holistische phänotypische Merkmale aufwiesen (Haarfarbe, Form der Körperteile, Sinnesorgane…), die auf der genetischen Ebene nicht zu finden sind, konstruierten Meme mittels Symbiosen *symbolische Verhaltensexpressionen* (Sprache, Schrift, kulturelle Symbole…) welche die

---

66 „[…]soziale Phänomenologie beruht darauf, dass die beteiligten Organismen im Wesentlichen ihre individuelle Ontogenese als Teil eines Netzwerks von Ko-Ontogenese verwirklichen, das sie bei der Bildung von Einheiten dritter Ordnung (Sozietäten) hervorbringen." (Maturana & Varela, 1987: 209).

Kopierfehlerrate drastisch herabsetzen. Diese Phänomene, die oben als (P2) definiert wurden, bilden den „Mem-Phänotyp" oder besser: den *Soziotyp.*

4.7 Memetische Teleosemantik

Definiert man den Memotyp behavioral und den Soziotyp als den kultursemantischen Gehalt, die *soziale Bedeutung* eines Mems, so hat eine Theorie der KE allerdings zu zeigen, wie sich eben diese soziale Bedeutung auf sinnvolle Weise *naturalisieren* lässt. Andernfalls taucht das Problem der fehlenden empirischen Basis, welches durch den behavioralen Membegriff gelöst werden sollte, in neuem Gewande am Soziotyp wieder auf, denn was genau meint man eigentlich, wenn man von *sozialer Bedeutung* spricht? Die *Teleosemantik* könnte hier als Lösungsansatz dienen.

Bereits der späte Wittgenstein definierte die Bedeutung eines Wortes als dessen „Gebrauch in der Sprache" (Wittgenstein, PU 43) und dieser Ansatz führte in der folgenden Philosophiegeschichte zu einer ganzen Reihe funktionalistischer Bedeutungstheorien, welche in einer teleosemantischen Auffassung gipfelten.

Die Philosophin Ruth G. Millikan, welche als prominenteste moderne Vertreterin dieses Ansatzes bezeichnet werden kann, bettete die Memtheorie explizit in den von ihr vertretenen *„Teleofunktionalismus in seiner biosemantischen Ausprägung"* (Metzinger 2010: 372) ein. Bei ihr ist stets der normative oder besser der *„normische"*[67] Aspekt evolutionär-funktionaler

---

67 Im Prinzip ist es nicht falsch, den Ausdruck „normativ" in diesem Zusammenhang zu verwenden. Allerdings kann dies, da er auch in ethisch-moralischen Debatten fest eingebettet ist, zu Missverständnissen führen, und man könnte geneigt sein, der Evolution ein moralisches Ziel oder etwas Ähnliches zu unterstellen. Daher halte ich den Ausdruck „normisch" für angebrachter. Der theoretische Hintergrund ist, dass bei offenen Systemen (also auch biologischen und kulturellen) die konstituierenden Systembedingungen nicht mehr absolut und idealisiert (wie bei geschlossenen physikalischen Systemen) formuliert, sondern *funktional* beschrieben werden müssen (vgl. Schurz, 2011: 151). Hierbei wird vorausgesetzt, dass die Selektionsparameter stabil sind und die Systemelemente alle „normal" funktionieren. Das ist von philosophischem Interesse bei Benennung der *Identitätskriterien* für offene Systeme, da ein wichtiges Charakteristikum die systemische Selbstregulation ist. Offene Systeme operieren innerhalb eines Norm- oder Sollbereiches, tun sie das nicht mehr, verlieren sie quasi ihre Identität. Ein „normisches" Gesetz kann also in der Form: „Wenn A, dann normalerweise

Erklärungen zu betrachten. Millikan schreibt, dass es die wichtigste Aufgabe der Biologie sei, zu verstehen, wie Organismen funktionieren, wenn sie „richtig" *(„properly")* funktionieren (Millikan 2003: 90), also das tun, wofür sie von der Umwelt kontingenterweise selektiert wurden. Zentral ist der Begriff der *„proper function"*, welcher nur unter Einbuße einiger Bedeutungsfacetten ins Deutsche mit „Eigenfunktion" oder „Normalfunktion" übersetzt werden kann. Millikan macht mehrfach deutlich, dass sowohl Gene, Meme als auch propositionale Einstellungen unter diesen Bedingungen als quasi zielorientiert beschrieben werden können, wobei letztere sich von den beiden ersteren nur insofern unterscheiden, dass sie auch als Wünsche, Überzeugungen usw. *mental* repräsentiert werden. Millikan fragt nun nach den *„Zielen der Meme"* (Millikan 2003: 103, 2008: 35ff.), die ebenso wie die Ziele der Gene den Zielen in Form propositionaler Einstellungen zuwiderlaufen können. Es gibt verschiedene Ebenen von Zielen, oder anders ausgedrückt: wir können Entitäten auf mehreren evolutionären Ebenen (s. u.) Ziele zuschreiben, allerdings ist die Art, wie diese repräsentiert werden, eine jeweils andere. Menschen verfügen, Millikan zufolge, über die Fähigkeit, nicht nur ihre eigenen Verhaltensweisen zu reproduzieren, sondern auch die anderer Personen. Genau das mache das Phänomen der KE aus, da aufgrund von limitierter Verhaltens- und Gedächtniskapazität kulturelle Phänomene miteinander um Reproduktion konkurrieren. Die „Ziele" der Meme, seien in vielen Punkten identisch mit den Zielen von Personen, sie *„führten im Reich der Technik keine neuen Ziele ein"* (ebd. S. 106). Allerdings ermöglichen paradoxerweise gerade genetisch bedingte Dispositionen doch eine von den Personen losgelöste KE, wie etwa der *„Sprachinstinkt"* (vgl. Pinker 1994, s. o. Kapitel 1.3.2.). Im Gegensatz zu den meisten technischen Fertigkeiten, die per Imitation weitergegeben werden, wird im Falle der Sprache nicht nur über die individuellen Wünsche oder Verstärkungsmechanismen des einzelnen Akteurs festgelegt, welche Effekte die memetische Replikation fördern. Die „proper functions" sprachlicher Meme werden durch Kommunikation von Sprechern und Hörern (mindestens zwei

---

B vorliegen" – das ist weniger ein Naturgesetz, als ein kontingentes, akzidentelles Ereignis. Die Regulationsmechanismen erfolgen durch die Selektion, der überlebenswichtige Normalzustand ist dabei – entgegen Millikans Ansicht -ebenfalls der statistische Normalzustand des Systems (vgl. Schurz, 2001).

Personen, oftmals viel mehr) konstituiert. Somit befinden sich die „Ziele der Meme" im Fall der Sprache weder auf der Ebene der Personen (genauer: deren propositionalen Einstellungen), noch auf der Ebene ihrer Gene. Millikan prägte für dieses kulturelle Phänomen später den Begriff des „kooperativen Ziels" (Millikan 2008: 41).

Definiert man also soziale Bedeutung (den Soziotyp) als die *kulturevolutionären* Funktion, einem kulturellen Analogon zu Millikans „proper function", scheint sich das Problem der Bedeutungsnaturalisierung auf teleosemantische Art und Weise lösen zu lassen. Entscheidend ist also immer die jeweilige Selektionsgeschichte eines bestimmten Mems, will man seine tatsächliche Bedeutung, seinen Soziotyp, innerhalb einer Kultur erfassen. Allerdings gelingt dies verständlicherweise nur unter der Voraussetzung, eine eigene Ebene der kulturellen Evolution anzunehmen, für deren Berechtigung im ersten Teil dieser Arbeit ausreichend argumentative Kraft aufgebaut wurde. Eine Reduktion der Bedeutung kulturellen Verhaltens auf biologisch-evolutionäre Funktion ist also nicht (bzw. in den allerseltensten Fällen – z. B. innerhalb von Phänomenen echter biologischer Gruppenselektion) möglich. Soziale Bedeutung (Soziotyp), sind die Ziele, bzw. die Funktion der jeweiligen Meme, für die sie in der zurückliegenden kulturellen Geschichte kontingenterweise selektiert wurden, ebenso wie in der BE greift die Selektion innerhalb der KE am Phänotyp.

4.8 Epimemetische Regulation

Es ist – Sperber zufolge (vgl. Sperber 1996: 103) – verlockend, alle konkret beobachtbaren öffentlichen Repräsentationen gleichen Inhalts – kleine Abweichungen sind dabei möglich – als gegenseitige Replikate anzusehen. Von dort sei es nur ein kleiner Schritt zu behaupten, alle Token „derselben" öffentlichen Repräsentation formten eine distinkte Klasse von Objekten, einen *Typ* oder eine *Art* von Repräsentation, so wie zum Beispiel alle Pferde eine natürliche Art bilden. Diese „natürlichen Arten"[68] könnten dann evolutionstheoretisch

---

68 Allerdings gibt es auch zu diesem Punkt in der theoretischen Biologie heftige Debatten zwischen verschiedenen Lagern, was ein weiteres anschauliches Beispiel für die Artverwandtschaft biologischer und kultureller Entwicklungsuntersuchungen ist. Was genau ist eigentlich eine biologische Art? Nach welchen Kriterien ist das zu entscheiden? Diese Frage aus der Philosophie der Biologie

untersucht werden. In einem solchen Fall wäre allein die „kulturelle Fitness", also die relative Häufigkeit eines biologischen Replikators entscheidend für seinen evolutionären Erfolg. Sperber zufolge ist dies in der Kultur aber nicht der Fall. Die Wichtigkeit einer öffentlichen Repräsentation liege nicht allein in ihrer relativen Häufigkeit, sondern ihrem *„Impact"* (ebd.) auf den Geist von Personen, mit anderen Worten, ihren psychologischen Attraktivitäts-kriterien, welche von Theorien innerhalb der Memetik völlig vernachlässigt worden wären. Diese Interpretation ist jedoch, meines Erachtens, unvoll-ständig. Auf der einen Seite ist es richtig, dass die Memetiker Meme oft-mals als ideelle, sich selbst in ihrer replikatorischen Existenz haltende Entitäten beschrieben haben, welche ein mysteriöses Eigenleben führten und die Aufmerksamkeit von Personen, unabhängig von deren psychologischen Dispositionen, für ihre egoistische Replikation missbrauchten. Diese Ansicht ist sicherlich übertrieben, zumal man sich schnell mit dem „Problem der materiellen Identifikation" (s. o. 2.5.) konfrontiert sieht. Andererseits wären diese Probleme auch gelöst, wenn man den Begriff des Mems so definiert, dass er sich materiell identifizieren ließe (etwa als Einheiten beobachtbaren Verhaltens) und wir die Theorie um gewisse der individuellen Veranlagung entsprechende Faktoren ergänzen würden, welche zeigen würden, dass jede Person stets individuelle Eigenarten in den Reproduktionsprozess einfließen ließe bzw. Umweltfaktoren eine wichtige Rolle spielten.

4.8.1 Generelle Definition epimemetischer Faktoren

Jüngere Forschung in der Genetik zeigt, dass im Fall der Gene zwar sehr exakte Replikationsmechanismen stattfinden, diese jedoch nicht allein entscheidend sind für den am Ende resultierenden Phänotyp. *Epigenetische Regulation* spielt in vielen Fällen eine ebenso große Rolle, etwa bei der

---

wäre Gegenstand einer völlig eigenen Untersuchung, deren Ergebnisse aller-dings höchst aufschlussreich für eine darwinistische Erklärung der Kultur sein könnten. Man unterscheidet innerhalb biologischer Klassifikationsmethoden zwischen dem „Phenetizismus" (Klassifikation nach Merkmalsähnlichkeit), den wir schon bei Aristoteles finden, oder der „Phylogenetik" (Klassifikation nach evolutionär-genetischer Entwicklung). Letztere lässt sich nochmals unterteilen in den „Kladismus", welcher allein molekulargenetische Kriterien zulässt (ge-netischer Fingerabdruck), oder der „evolutionären Taxonomie", welche ein Mischsystem und damit einen Kompromiss darstellt (vgl. Schurz 2011: 61ff.).

Frage, welche Gene der DNA überhaupt zur Proteinsynthese verwendet werden und wenn, in welchem Maße sie aktiv sind. Sperber (s. o.) stellt die Situation allerdings so dar, als müsste eine Theorie kultureller Evolution lediglich auf exakten Replikationsmechanismen beruhen, ein Grund dafür, seinem epidemiologischen Modell den Vorzug zu geben. Würde jemand dies behaupten (wie viele frühe Memetiker), so würde das in der Tat den Prozess der Kultur viel zu stark simplifizieren, da so sowohl die Phänotypisierung, die gerichtete Variation der Teilnehmer, als auch die Umweltfaktoren außer Acht gelassen werden würden.

Aus diesem Grunde schlage ich im Folgenden die Verwendung des Begriffs der *„epimemetischen Faktoren"*[69] vor, welcher sowohl individuellen biologischen und psychologischen Dispositionen, als auch kontingenten Umweltfaktoren Rechnung trägt. Wenn jemand also *„Epimemetik"* betreibt, so erforscht er Einflüsse auf den memetischen Evolutionsprozess, welcher selbst in einer Reproduktion von behavioralen Einheiten des Memotyps und deren symbolische Verarbeitung in Einheiten des Soziotyps besteht. *Epimemetische Faktoren* liegen *zwischen* diesen komplexen Verarbeitungsschritten, und ihr Einfluss ist enorm. Aber sie sind keineswegs randomisiert – genau wie dies bei epigenetischen Faktoren nicht der Fall ist (vgl. u.a. Kaati et al. 2002; Molinier et al. 2006) – also einfach nur „Rauschen" in der Umgebung eines ansonsten exakten Reproduktionsprozesses, sondern aus psychologischer oder ökologischer Perspektive durchaus exakt studier- und kategorisierbar.

---

69 Dies geschehe in begrifflicher Anlehnung an *epigenetische Faktoren*, welche im Milieu der DNS-Information lokalisiert sind und zu erheblichen Variationen beim Phänotyp führen können, obwohl sie kein Teil der DNS sind, welche Proteine synthetisiert (vgl. u.a. Schurz, 2011: 51f.). Epigenetische Steuerung reguliert vielmehr die Aktivität einzelner Gene. Sollte eine „Epigenetik im starken Sinne" (ebd.) plausibel sein, also epigenetische Regulationsmechanismen Einfluss auf die Meiose haben und somit die Keimbahn verändern, so wäre dies ein *lamarckistischer Effekt* und widerspräche dem vorherrschenden Paradigma der Genetik, dass keine erworbenen Eigenschaften vererbt werden (vgl. Dawkins 2007: 67). Solche Belege liegen in Ansätzen bereits vor. (vgl. Kaati et al., 2002). Auf biologischer Ebene hat die Epigenetik in der Tat in den letzten Jahren für viel Tumult gesorgt.

Blackmore definiert Meme an einer Stelle als *„Instruktionen für Verhaltensweisen [...] die im Gehirn (oder in anderen Objekten) gespeichert und durch Imitation weitergegeben werden."* (Blackmore 2005: 86). Die begriffliche Ungenauigkeit tritt an dieser Stelle stark hervor, denn neuronale Instruktionen werden ja keinesfalls per Imitation weitergegeben. Was man wirklich imitiert, ist das *Verhalten* einer anderen Person und es ist eine völlig andere Frage, wie genau Letztere zu diesem Verhalten instruiert wurde, wo sich das neuronale Korrelat dieses Verhaltens befindet. Der behavioralen Memdefinition zufolge ist das, was Blackmore hier beschreibt, nicht das Mem selbst, sondern ein epimemetischer Faktor, nämlich eine neuronale (oder externe) Verhaltensinstruktion. Erstere könnten in einigen Fällen auch mental repräsentiert sein, also – im Rahmen des MM – einen „Ebene 3 Phänotyp" aufweisen.

Durch die epimemetische Regulation wird die kulturelle Ebene mit der psychologischen verbunden. Im Rahmen des MM, spielen epigenetische Faktoren auf jeder evolutionären Ebene eine wichtige Rolle. Eine untere Ebene dient dabei oftmals als „epi-Faktor" für den Evolutionsprozess auf der nächsthöheren Ebene. Wie hat man sich dieses Phänomen auf den einzelnen Ebenen jeweils vorzustellen?

Ebene 1 und 2:
Physikalische und chemische Prozesse und Strukturen (epigenetische Faktoren) disponieren und regulieren die BE, erklären sie aber nicht vollends.

Ebene 2 und 3:
Biologisch-genetische Dispositionen und Umwelteinflüsse („epi-psychologische" Faktoren) sind ein wichtiger Regulationsmechanismus der psychologischen Evolution, erklären sie aber nicht vollends. (vgl. u. a. Changeux, 2005: 85ff.)

Ebene 3 und 4:
Psychologische und biologische Dispositionen sowie Umwelteinflüsse (epimemetische Faktoren), besonders in Form verhaltensorientierter sozialer Kognition, beeinflussen und regulieren die KE, erklären sie aber nicht vollends.

4.8.2 Verhaltensorientierte soziale Kognition

Eine zentrale Klasse epimemetischer Faktoren sind Entitäten und Gegenstände innerhalb Theorien zu *sozialer Kognition*. Soziale Kognition ist im Allgemeinen definiert als eine Menge kognitiver Funktionen – bewusst oder unbewusst – welche zu sozialem Verhalten befähigen (Vgl. Colman 2009: 707). Eine tiefere Auseinandersetzung kann hier nicht erfolgen und wäre Gegenstand einer eigenen *Arbeit,* allerdings will ich kurz mögliche Schnittstellen und Übereinstimmungen mit einem evolutionär funktionierenden Mehrebenenmodell aufzeigen.

Kennzeichnend für neuere Theorien sozialer Kognition (und Kognition im Allgemeinen) ist die sogenannte „4 EA-Bewegung", welche innerhalb der Erforschung von Kognition und kognitiven Systemen entstand. Man spricht in diesem Zusammenhang von verkörperter (embodied), eingebetteter (embedded), erweiterter (extended), verhaltensorientierter (enactive) und affektiver (affective) Kognition. Als Grundlage dieser vierfachen Unterteilung ist vor allem das Buch „The Embodied Mind" (Varela, Thompson & Rosch 1991) zu nennen. Für die kulturelle Evolution, bestehend aus Verhaltenseinheiten, den Memen, sind besonders die *verhaltensorientierten (enactive)* Aspekte von Kognition interessant, auch wenn sie den Möglichkeitsraum aller epimemetischen Faktoren nicht erschöpfend beschreiben. Kognition ist verhaltensorientiert, wenn sie durch „sinnstiftende Aktivitäten" eines kognitiven Agenten konstituiert werden (vgl. Thompson & Stapleton 2009: 23). Stellt man diesen Agenten als dynamisches System dar, so ergibt sich ein Raum an potentiellen Möglichkeiten, welche vom System gewählt werden können. Jede dieser Möglichkeiten beinhaltet eine sinnstiftende Aktivität, ein Verhalten, was für den Agenten einen semantischen Charakter aufweist, allerdings oftmals nicht in Form einer mentalen Repräsentation, da Theorien der *enactive social cognition* im Allgemeinen eine repräsentationalistische Interpretation des Geistes verneinen. Wie innerhalb einer solchen Theorie überhaupt Sinn oder sinnstiftende Aktivitäten möglich sind, ohne an ein Bedeutungsproblem zu geraten, kann an dieser Stelle nicht besprochen werden. Es ist die Vermutung geäußert worden, dass diese bestimmte Form des *Anti-Repräsentationalismus* einige empirische Probleme mit sich bringt (vgl. Nanay: forthcoming) und ein gänzlicher

Verzicht auf das Konzept der mentalen Repräsentation einer Erklärung von Kognition zum Nachteil gereiche.

Eine bestimmte Menge an Aspekten dieser verhaltensorientierten Kognition bezieht sich auf andere Agenten in der Umwelt des Systems, womit wir es mit einer *verhaltensorientierten sozialen Kognition (enactive social cognition)* zu tun haben. Diese Teilmenge and kognitiven Prozessen ist ein sehr gutes Beispiel für interne epimemetische Regulation. Ferner sind die beschriebenen *„interactive processes"* (de Jaeger, di Paolo, Gallagher 2010: 441), also die zwischen den Agenten stattfindenden Prozesse, welche dieser Art der Kognition angeblich konstituieren, ein gutes Beispiel für Meme. Meme, verstanden als soziale Verhaltenseinheiten, könnten durchaus als „interaktive Prozesse" beschrieben werden. Diese Definition würden ihnen in jedem Falleiniges von ihrem mystischen, beinahe metaphysisch anmutenden Charakter nehmen. Eine grundlegende Auseinandersetzung mit diesen interaktiven Prozessen wird von den Autoren (ebd.) zum besseren Verständnis sozialer Kognition bereits empfohlen.

Für unseren Zweck: Das Verständnis der vierten Ebene des MM ist wichtig zum Verständnis der dritten. Natürlich trifft dies in noch höherem Maße umgekehrt zu, was bedeutet, dass Kulturforscher sich mit (verhaltensorientierter) sozialer Kognition als Dispositionen für Kulturstrukturen auseinanderzusetzen haben, so wie Genetiker heute und in Zukunft epigenetische Regulationsmechanismen verstehen müssen.[70]

> *„Thus, the study of processes of interaction remains on the margins of the supposed central question that asks how individual cognitive mechanisms work. Another reason for not sufficiently examining the role of social interaction is the lack of a definition. It is often uncontroversially assumed to signify no more than the copresence of more than one individual. A more adequate definition is needed."* (ebd.)

Die Definition des behavioralen Mems in sozialen Interaktionen könnte das im Zitat angesprochene Definitionsproblem, bzw. das Fehlen der Definition, innerhalb der sozialen Kognition vielleicht lösen. Allerdings muss in einer

---

70 *„[...] we take social cognition to involve the know-how that allows us to sustain interactions, form relations, understand each other, and act together."* (de Jaeger, di Paolo, Gallagher 2010: 442). Auf eine ähnliche Weise verstehen Genetiker wahrscheinlich die epigenetischen Regulationsmechanismen, natürlich ohne Personifizierung.

solchen Beschreibung die Grenze zwischen *Kognition* und interaktivem *Verhalten* nicht völlig verschwimmen, bzw. letzteres schlichtweg als Kognition bezeichnet werden, wie es einer starken Lesart des *Enactivism* entspricht. Versteht man verhaltensorientierte soziale Kognition aus der Logik MM heraus, so ist sie ein kulturelles Verhalten disponierender Faktor und nicht allein an das Verhalten gekoppelt. Aber bedeutet dies auch, dass sie deswegen *identisch* mit diesem Verhalten ist? Elemente, welche gemeinsam ein soziales System konstituieren, können durchaus von verschiedener Art sein, sie müssen nicht als identisch verstanden werden. Ich würde es etwas vorsichtiger formulieren und als veranschaulichendes Beispiel wieder einmal die Gene und die sie in ihrer „Entfaltung" regulierende epigenetische Faktoren anführen. Die Gene sind funktionale Einheiten in biologischen Systemen, ebenso wie es Einheiten sozialen Verhaltens in sozialen Systemen sind. Epigenetische Faktoren spielen eine zentrale regulative Rolle, wenn Gene ihre Funktion ausüben. Im Extremfall kann dies dazu führen, das ganze Gene oder sogar Gengruppen ihre Aktivität bei der Proteinsynthese völlig einstellen. Analoges trifft, meines Erachtens, auf die KE zu. Hier sind Meme die funktionalen Einheiten des sozialen Verhaltens. Aspekte verhaltensorientierter Kognition spielen als epimemetische Faktoren eine zentrale regulative Rolle bei der Ausübung dieses Verhaltens. Bestimmtes Verhalten wird modifiziert und der sozialen Situation angepasst, was in Extremfällen sogar zur Unterlassung einer Handlung führen kann. Aber dies alles muss nicht bedeuten, dass das Verhalten begrifflich auf die es disponierende Kognition reduziert werden muss, dass Kognition also gleichsam nicht im Körper, sondern in der Interaktion lokalisiert ist. Klare begriffliche Trennungen sind hier unabdingbar.

Was für eine Meinung in dieser Sache auch vertreten wird: Ein unüberwindbarer Dualismus zwischen Kognition und Kultur, wie ihn Kronfeldner befürchtet (s. o. 4.6.), ist auf diese Weise in weite Ferne gerückt.

4.9 „Phänotypische Erweiterung" auf jeder Ebene des MM

Jede der drei evolutionären Ebenen des MM lässt sich jeweils noch einmal unterteilen, wobei als Vorbild die der Genetik entlehnte Genotyp/Phänotyp Unterscheidung dient und „epi- Faktoren´" besonders auf Variation und Reproduktion einen großen Einfluss haben, den Prozess also in eine gewisse

Richtung lenken (s. o.). In diesem Kapitel schlage ich nun einen weiteren Aspekt vor, welcher im Rahmen des Modells diskutiert werden kann, nämlich die *„phänotypische Erweiterung"*. Wiederum war es Dawkins (1982), welcher hier den Anstoß gab.

4.9.1 Der erweiterte Phänotyp

In Dawkins Buch *„The extended phenotype"* (dt.: der erweiterte Phänotyp) äußert der Biologe den Gedanken, dass die Gene in der Lage seien, mittels von ihnen konstruierter Organismen (Vehikel), die physikalische Umwelt dieser Organismen selbst zu verändern. Im klassischen Sinne ist der Phänotyp die Summe aller Merkmale eines Individuums, jedoch will Dawkins mit seiner Definition des „erweiterten Phänotyps" die Summe *aller* Effekte eines Gens beschreiben. Als Beispiele führt Dawkins Gene an, welche nicht den klassischen Phänotyp verändern, sondern das Verhalten eines Organismus und seine Interaktionen mit der Umwelt steuern, also Umweltinduktion betreiben. Diese Hypothese kumuliert in dem Satz:

> *"An animal's behaviour tends to maximize the survival of the genes "for" that behaviour, whether or not those genes happen to be in the body of the particular animal performing it."* (Dawkins 1982: 233)

Es besteht also die Möglichkeit, dass sich der Prozess der Phänotypisierung kausal über die Grenzen des Körpers des Organismus (seine Außenhaut) hinaus erstreckt und in genau diesem Sinne als „erweitert" bezeichnet werden kann. Beispiele dafür sind Biberdämme und Spinnennetze oder aber auch das Verhalten eines Organismus, welcher als Wirt für einen anderen parasitären Organismus dient und von diesem mehr oder weniger gesteuert wird (ebd.). In diesem letzteren Fall ist der Phänotyp des Parasiten *in den Fremdorganismus hinein erweitert*. Es zählen im Falle des erweiterten Phänotyps selbstverständlich nur Verhaltensformen, welche rein genetischen Ursprungs sind, nichts durch lernen Erworbenes also. Eine Spinne baut ein perfektes Netz, ohne jemals in Kontakt mit anderen Spinnen gewesen zu sein, ihr ausgeklügeltes Verhalten ist genetisch determiniert. Allerdings können Lernmechanismen bei hochentwickelten Organismen dazu führen, die Umwelt in noch stärkerem Maße aktiv zu nutzen und rückwirkend durch diese umstrukturierte Umwelt noch schneller lernen.

Richard Menary nimmt diesen Gedanken explizit auf, wenn er von Organismen spricht, welche *„reciprocally coupled to their environmental niches"* sind (Menary, 2007: 103). Ein Sonderfall dieser reziproken Koppelung sei, Menary zufolge, Dawkins *„erweiterter Phänotyp"* als besonderer Art der evolutionären Anpassung an die Umwelt, nämlich aktive Umstrukturierung derselben.[71]

4.9.2 Der erweiterte Geist

Die Philosophen Andy Clark und David Chalmers inspirierte die *„extended phenotype"* Hypothese offenbar so stark, dass sie sie auf Kognition und den Geist übertrugen. Es entstand die Theorie des *„extended mind"* (dt.: „erweiterter Geist"), in der Leib-Seele Debatte auch als *aktiver Externalismus* bekannt (vgl. Clark & Chalmers: Der erweiterte Geist, in Metzinger (Hg.) 2010: 501ff.).[72] Diese sowohl provokante als auch fruchtbare Position in der Philosophie des Geistes, welche einen Teil des „4-EA Modells" der Kognition darstellt (s. o. 4.7.1.) behauptet, dass einige Prozesse, die wir mit dem Prädikat „kognitiv" versehen würden, sich im wörtlichen Sinne *in die Welt hinaus* erstrecken. Der aktive Externalismus ist nicht identisch mit der klassischen Variante des kognitiven Externalismus, welcher u. a. von Putman/Burge vertreten worden ist (vgl. Metzinger 2010, Modul I-13 und I-14). Zugrunde liegt hier das funktionalistische *Paritätsprinzip*:

> *„Wenn bei der kognitiven Lösung eines Problems Teile der Welt wie ein Prozess funktionieren der – würde er im Kopf vollzogen – von uns ohne zu zögern als kognitiver Prozess anerkannt würde, dann sind diese Teile der Welt auch Teile des kognitiven Prozesses selbst."* (ebd.: 498)

Der Begriff der Kognition – stimmt man Clark und Chalmers zu – ist also ein einem wesentlich weiteren Sinne aufzufassen, als es der bisherigen Intuition entspricht, welche Kognition und Denken als im Kopf, oder zumindest als im Körper (*„embodied cognition"*) situiert auffasst. Schleifen des Prozesses erstrecken sich in die Welt außerhalb des Organismus oder

---

71 *„Environment and organism do not go their own ways, they are often reciprocally coupled, as in the case of extended phenotypes."* (Menary 2007: 105)
72 Der englische Orginialtext findet sich u. a. in Menary 2010: 27ff.

evolutionstheoretisch formuliert: Kognition als evolutionäres System kann *Umweltinduktion* einschließen.

Selbstverständlich trifft diese externalisierte Form nicht auf alle Fälle kognitiver Akte zu, aber es lassen sich einige Beispiele finden, wo es der Fall zu sein scheint: Das Abrufen von schriftlichen Notizen zur Erinnerung,[73] ein Tetrisspiel am Computer, das Ordnen der Spielsteine beim Scrabble oder auch das Rechnen mit einem Taschenrechner. In diesen Fällen ist, Clark und Chalmers zufolge, die durchgeführte motorische Aktion *„in einem sehr realen Sinne [...] kein Teil der Handlung, sie ist Teil des Denkens"* (ebd.: 505). Die externe Einheit, etwa der Scrabble-Stein, und der Organismus werden aktiv an den Geist gekoppelt und bilden dann mit diesem selbst ein kognitives System. Voraussetzung ist hierbei die relativ zuverlässige Verfügbarkeit des externen Hilfsmittels. Interessanterweise gilt auch hier die Faustregel, dass der *„erweiterter Geist"* als Bedingung der Möglichkeit seiner Existenz, kulturelle Artefakte (also einen „erweiterten Soziotyp" s. u.) zu benötigen scheint. Es fällt mir kein Beispiel ein, (außer vielleicht das Abzählen an den Fingern), in dem ein biologischer Organismus seinen Geist in eine nicht-künstliche Umwelt hinein erweitert. Kulturelle Artefakte (Notizbücher, Computer, Scrabble-Steine) scheinen also eine *Voraussetzung* für diese besondere Art der Kognition zu sein.

Ein berühmter Einwand gegen die Theorie des erweiterten Geistes ist der von Adams und Aizawa formulierte „Kopplungs-Konstitutions-Fehlschluss" (*coupling-constitution-fallacy*, Adams & Aizawa 2010: 68). Ihm mache man sich schuldig, wenn man ein kausal an ein System gekoppeltes Objekt (das externe Hilfsobjekt) als zum System gehörend annimmt. Philosophisch gesehen zeigt die Debatte, welche in den letzten Jahren um die „extended-mind" Hypothese geführt wird, wie unscharf die Begriffe *„Kognition"* oder *„kognitives System"* in Wahrheit noch sind, ob hier *„überhaupt wohldefinierte Kategorien mit klaren Abgrenzungslinien"* (Metzinger, 2010: 498) existieren. Schließlich würden die meisten wohl heute nicht mehr zögern, einen Schachcomputer oder einen lernfähigen Roboter als „kognitives System" zu bezeichnen, also derselben Klasse von

---

73 Vergleiche das Gedankenexperiment von Otto, seinem Notizblock und Inga und ihrem Weg zum Museum in der 53. Straße. (vgl. Clark & Chalmers: Der erweiterte Geist, in Metzinger (Hg.) 2010: 508).

Systemen angehörend, zu der auch unser Gehirn gehört. Physikalisch gesehen (und auch biologisch) haben diese beiden Systeme unglücklicherweise nahezu nichts gemeinsam, ihre Systemzugehörigkeit kann also nur funktional verstanden werden. Wenn dem aber so ist, spräche auch nichts gegen die Möglichkeit eines *erweiterten* Geistes im Sinne von Clark und Chalmers als „kognitives System".

Im Rahmen meines MM ist die extended mind These als mentale Analogie zum *erweiterten Phänotyp* bei den Genen (s. o.) zu verstehen, als phänotypische Erweiterung auf der dritten Ebene. Die Autoren selbst unterstützen diese evolutionäre Sichtweise mit den Worten:

> *„Überdies hat sich das biologische Gehirn [...] auf eine Weise entwickelt, welche die zuverlässige Gegenwart einer manipulierbaren externen Umwelt in diesem evolutionären Prozess[74] als Einflussfaktor berücksichtigt hat. [...], die Evolution on-board-Fähigkeiten bevorzugt hat, die besonders darauf ausgerichtet sind, die lokale Umwelt auszubeuten, um die Speicherlast zu verringern [...] Und vielleicht gibt es noch andere Fälle, in denen die Evolution es vorteilhaft fand, die Möglichkeit der Umwelt als Teil der kognitiven Feedbackschleife auszuschöpfen."*
> *(Clark & Chalmers in Metzinger (Hg.) 2010: 507)*

Der „evolutionäre Prozess", den die Autoren erwähnen, ist die kognitive Evolution, also eine Realisation des EA auf Ebene 3 – der neuronal/mentalen Ebene – nicht die biologische (BE) und auch nicht die kulturelle Evolution (KE). Die BE ist eine Evolution zwischen Genen, und Gene haben keinen Einfluss auf erlerntes Verhalten, wie etwa der Erweiterung des Geistes auf künstliche Artefakte in der Umwelt. Und man kann wohl kaum behaupten, die Fähigkeit, einen Notizblock zu Rate zu ziehen oder Tetris zu spielen, sei ein genetisch programmiertes Verhalten, wie etwa das Weben eines Spinnennetzes. Die drei verschiedenen evolutionären Ebenen müssen hier genau unterschieden und dürfen nicht verwechselt werden. Das bedeutet nicht, dass IE und KE nicht langfristig die Selektionsparameter der BE beeinflussen können, z. B. dass Organismen mit einem neuronalen System vom Typ A „fitter" werden (eine höhere Reproduktionsrate aufweisen) als andere mit Typ B. Gleiches gilt bei der KE, allerdings existieren menschliche Kulturen erst seit so „kurzer Zeit", dass es wohl noch einige Zeit dauern wird, bis biologisch-genetische Rückkopplungseffekte beobachtbar werden.

---

74 Hervorhebung hinzugefügt.

4.9.3 Der erweiterte Soziotyp

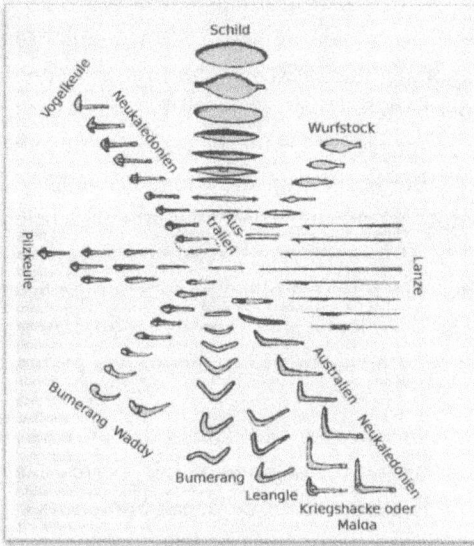

Schild

Vogelkeule

Neukaledonien

Wurfstock

Australien

Pilzkeule

Lanze

Bumerang

Waddy

Australien

Neukaledonien

Bumerang

Leangle

Kriegshacke oder
Malaa

Wie verhält es sich in punkto „phänotypische Erweiterung" schließlich auf der kulturellen Ebene? Ich bin der Meinung, auch hier findet sich eine solche *Erweiterung*, wahrscheinlich ist sie auf dieser Ebene sogar am leichtesten erkennbar. Während sie auf den beiden unteren Ebenen bestenfalls Sonderfälle beschreibt, ist sie hier nämlich ein sehr häufiges Phänomen. Wenn sich kulturelle Evolution (kulturelles Verhalten / Meme) in die Umwelt erstreckt, entstehen *externe kulturelle Artefakte*: Bögen, Schmuck, Körbe, Häuser, Autos, Computer usw. Oben wurden sie bereits als (P3) definiert, während (P1) das Verhalten und (P2) die „Symbolisierung" dieses Verhaltens ist. Die Möglichkeit (P3) bezeichne ich im Folgenden als den *„erweiterten Soziotyp"*. Diese kulturellen Artefakte – die erweiterten Phänotypen – können sehr schön graphisch in Abstammungsgraphen dargestellt werden, um die Ähnlichkeiten zur Kladistik in der Biologie zu unterstreichen (vgl. Abb. 7: ein Abstammungsbaum australischer Aborigineswaffen).

Auch Clark und Chalmers ziehen in ihren Überlegungen die Möglichkeit einer *„sozial erweiterten Kognition"* (Clark & Chalmers in Metzinger 2010: 515) als Sonderfall ihres „erweiterten Geistes" in Betracht. Die Kopplung komme in diesen Fällen, in denen der Geist sich nicht in ein lebloses Objekt, sondern in eine andere Person hinein erstreckt, durch *Sprache* zustande. Sprache *„dient als Werkzeug, dessen Rolle darin besteht, Kognition zu erweitern, wie es mit Bordmitteln allein nicht möglich ist"* (ebd.).

Ich denke jedoch, dass die Theorie des „erweiterten Geistes" genau hier an ihre Grenzen stößt, zumindest wenn die evolutionstheoretische Logik des MM zugrundegelegt wird. Denn für durch Sprache externalisierte *interpersonelle* Phänomene ist die vierte, die kulturelle Ebene vorgesehen. Dies allein ist natürlich noch kein Argument an sich und man sollte sich natürlich davor hüten, einen unnötigen theoretischen Pluralismus zu eröffnen, wo in der Realität gar keiner besteht. Das Argument konstituiert sich aber in diesem Fall aus der Begründungsstruktur für die vierte Ebene selbst (s. o., Kapitel 1.4.2.). Da Sprechakte im Prinzip die Möglichkeit haben, unbegrenzte logische „Kreativität" zu erzeugen, (man erinnere sich: bei Sprachen hinreichender Komplexität können durch rekursive Formenbildungsregeln aus einem endlichen Grundvokabular unendlich viele Sätze gebildet werden), ist es explanatorisch folglich am sinnvollsten, Sprache auf einer eigenen Ebene zu beschreiben, und sie nicht als „kognitives System" zu bezeichnen.

Die teleofunktionalistischen Bemerkungen Millikans oder Pinkers zu Sprache und KE (s. o.) untermauern dieses Argument. Die vierte Ebene wurde eingeführt, da viele kulturelle Phänomene, zu denen Sprache zählt, einen eigenen kumulativen Evolutionsprozess durchlaufen.

Ein Vertreter des „sozial erweiterten Geistes", wie ihn Clark und Chalmers konstruieren, könnte allerdings zu guter Letzt noch argumentieren, dass sich das überzeugende Argument, KE nicht als Teil der kognitiven Evolution zu beschreiben, nur auf Sprache, nicht auf andere Arten des externen Verhaltens eines Organismus bezieht. In unserer Terminologie wäre somit der *Memotyp* (der zuvor behavioral identifiziert wurde, u. a. um dem Problem der fehlenden neuronalen/mentalen Identitätskriterien von Memen zu entgehen) Teil der kognitiven Ebene, zumindest in Fällen, die sich mit der Theorie des „erweiterten Geistes" beschreiben lassen. Allein noch der *Soziotyp* (zu dem Phänomene wie Sprache und Schrift aufgrund der nochmaligen Symbolisierung anhand einer interpersonellen Semantik zählen) wäre in diesen Fällen die Realisierungsplattform einer autonomen KE. Trotz dieses Zugeständnisses zugunsten des „sozial erweiterten Geistes" werden damit die Ebenen des MM nicht dekonstruiert oder müssten grundlegend anders formuliert werden. Im Gegenteil: der „erweiterte Geist" schafft in diesen speziellen Fällen eine ideale *Brücke* zwischen Ebene 3 und 4. Denn in dieser Lesart hat der Geist sowohl eine kognitive (interne) als auch eine behaviorale (externe) Komponente, welche nicht voneinander getrennt, sondern als ein und dasselbe globale Phänomen betrachtet werden.

Im Rahmen des MM könnte man formulieren: Die phänotypische Erweiterung der mentalen (dritten) Ebene überschneidet sich mit dem *Memotyp* der vierten Ebene, der Geist erweitert sich also in die Kultur hinein. Wir hätten es hier mit einem echten Brückengesetz zwischen Kognition und Kultur zu tun, es sei allerdings noch einmal erwähnt, dass wir nur in solchen Fällen von einer Identitätsbeziehung zwischen „erweitertem Geist / Memotyp" sprechen können, in denen es auch angemessen ist, von einer echten Erweiterung des Geistes zu sprechen, Beispiele dafür sind oben angeführt. Der Sonderfall des „erweiterten Geistes", quasi die Umweltinduktion des neuronalen Systems, liegt genau dann vor, wenn externe Objekte funktional für Aufgaben verwendet werden, welche „normalerweise" intern gelöst werden. Es ist also kein generelles, sondern ein – wenngleich interessantes – spezielles Phänomen. Abbildung 8, deren Grundstruktur nun bereits bekannt sein dürfte, stellt dieses Unterkapitel graphisch dar.

Abb. 8: Die phänotypische Erweiterung der zweiten, dritten und vierten Ebene.

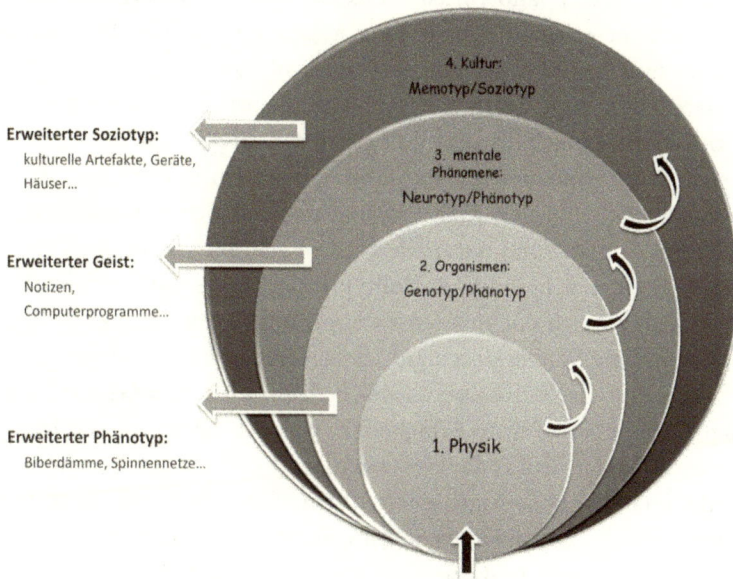

4.10 Zwischenfazit: Die „chattende Cathy"

Ein abschließendes Beispiel soll die vielen im Rahmen des MM eingeführten Begriffe und ihr Verhältnis zueinander zum Abschluss noch einmal veranschaulichen. Man stelle sich eine Person vor, nennen wir sie „Cathy", die vor einem Computer sitzt und mit einer anderen Person chattet.

Cathys Körper (und natürlich auch der Computer) ist physikalisch (Ebene 1), aber dies allein verrät uns noch nicht sehr viel über die Gesamtsituation. Weitere Erklärungsebenen sind angebracht, auch wenn damit nicht behauptet wird, dass nun generell etwas „Außerphysikalisches" oder „Überphysikalisches" am Werke ist. Theoretisch ist die komplette Szene auf physikalische Bestandteile zu reduzieren, aber eben nur theoretisch. Praktisch kann hier eine vollständige Erklärung aufgrund der *Hyperkomplexität* möglicher Kombinationen und Prozessausrichtungen der physikalischen Teilchen nicht erfolgen, es muss also auf explanatorischem Wege Komplexität reduziert werden. Cathy als Organismus besteht in historischer Dimension aus evolvierten Genen (Genotyp) mit einer langen Geschichte und deren phänotypischen Eigenschaften (Phänotyp). Sie hat zum Beispiel schwarze Haare oder braune Augen, ein schlagendes Herz usw. Dies alles sind Produkte der biologischen Evolution.

Zusätzlich verfügt Cathy über ein komplexes Nervensystem und ein Gehirn, welches ebenfalls der biologischen Evolution entstammt. Allerdings ist dieses System selbst lernfähig, es ist also in der Lage, von der genetischen und epigenetischen Prägung unabhängige Informationen aus dem Körper (intern) und natürlich der Umwelt des Organismus (extern) zu verarbeiten. Ein besonderer Zelltyp – die *Neuronen* – erfüllen diese Aufgaben, da sie sich mit anderen Zelltypen und untereinander vernetzen. Dieses neuronale System durchläuft einen eigenen Evolutionsprozess und durch diese kumulative Evolution, welche bereits vor ihrer Geburt begann, verfügt Cathy über erlernte Fähigkeiten, wie das Tippen an der Tastatur. Das ausgeklügelte neuronale Netzwerk des Körpers, der *Neurotyp,* hat ebenfalls phänotypische Eigenschaften: bewusste Erlebnisse, gedankliche „Inhalte", Qualia und auch ein Selbstbewusstsein. Ähnlich Polygenie und Polyphenie, innerhalb der Beziehung von Genen und Phänotypen, sind Inhalte und Qualia multirealisierbar, was sie der Dynamik und Plastizität neuronaler Prozesse, des Neurotyps, verdanken.

Cathy kann ihre kognitiven Fähigkeiten aber auch in die Umwelt hinein erweitern, wenn sie z. B. am Computer, vor dem sie sitzt, Tetris spielt und die auf dem Bildschirm erscheinenden Bauformen nicht mittels Vorstellungskraft, sondern mittels des Computerprogramms modelliert. Der Sonderfall des „erweiterten Geistes" – quasi die Umweltinduktion des neuronalen Systems – liegt genau dann vor, wenn externe Objekte funktional für Aufgaben verwendet werden, welche „normalerweise" intern gelöst werden würden. Dies ermöglicht es Cathys neuronalem System ressourcensparender zu arbeiten, absolut typisch für alle evolutionären Systeme. Wenn ein Prozess mit weniger Energieaufwand oder Zeit zum selben Ergebnis kommt, wird er im Normalfall positiv selektiert werden.

Zusätzlich zeigt Cathy aber auch kommunikatives Verhalten, sie tippt, bewegt die Maus etc. All dies tut sie in unserem Fall, um mit einer anderen Person sozial zu interagieren (zu chatten). Diese kommunikativen Verhaltenseinheiten, das Tippen etc. sind Meme, und auch sie zeitigen einen eigenen evolutionären Prozess, welcher kumulativ ist und sind *nicht* auf die Aktivitäten und Einheiten des neuronalen Systems zu reduzieren.[75] Selbstverständlich hat jedes von Cathy gezeigte Verhalten ein neuronales Korrelat, aber eine evolutionsbasierte Erklärung ihres Zusammenspieles könnte nicht allein auf der neuronalen Ebene erfolgen. Die KE führte zu pfadabhängigen Strukturen, wie Worten auf dem Bildschirm, mit deren Hilfe Cathy nun kommuniziert, da sowohl sie, als auch ihr gegenüber die Bedeutung der Worte kennt. Nur solche Verhaltensweisen sind Meme, die der Kommunikation und dem Aufbau von Kultur dienlich sind, wenn Cathy also während des Chattens auf der Lippe kaut oder mit den Füßen scharrt, sind das keine Meme. Der *Memotyp* ist das soziale Verhalten, der *Soziotyp* die soziale Bedeutung der Worte, die sie tippt. Die kulturelle Unterscheidung zwischen Memotyp und Soziotyp kann auch als die Unterscheidung zwischen *verkörpertem* und *symbolischem* Kommunikationsverhalten gesehen werden, wobei letzteres

---

75 Allerdings schafft das neuronale System sehr wohl *Dispositionen* für die KE. Die evolvierte Diversität an sensomotorischen Konfigurationen „ermöglicht" es dem Gesamtorganismus, eine (vielleicht noch größere?) Vielfalt an Interaktionen mit anderen Organismen aufzubauen (vgl. Maturana & Varela 1987: 192). Erscheint uns diese Vielfalt in beobachtbaren Muster, so dass Ähnlichkeiten erkennbar werden, sprechen wir von „Kultur".

auf ersterem aufbaut und die kognitive Fähigkeit (*epimemetischer* Faktor) der „mentalen Simulation" erfordert. Dieser Vorgang ist enorm ressourcensparend und somit evolutionstheoretisch plausibel: Man imitiert das beobachtete Verhalten nicht mehr direkt mit seinem Körper, sondern simuliert es mental, erfasst also die Bedeutung der auf dem Bildschirm erscheinenden Schriftzeichen und codiert das, was man antworten möchte anschließend in einem neuen Zeichensystem. Sprache und Schrift (symbolisierte Formen verkörperten Verhaltens, auch mathematische Ziffern gehören dazu) sind das Resultat von bestimmten evolvierten Verhaltenssträngen, so wie biologische Merkmale das Resultat von Genen sind. Dadurch erhalten sie eine eigene semantische Struktur, sie werden unabhängig von dem sie konstituierenden Verhalten *interpretierbar,* ebenso wie biologische Merkmale auch auf einer nicht-genbasierten Art und Weise beschrieben werden können, wenn man sich zum Beispiel in der Verhaltensbiologie ganze Organismen anschaut. Auch innerhalb der KE gibt es *epimemetische Faktoren* (Faktoren, die das Verhalten und die Verhaltensresultate beeinflussen, selbst aber kein Verhalten sind – etwa soziale Kognition) und auch hier existiert die Möglichkeit des *„erweiterten Soziotyps".* Der Computer, die Tastatur, die Maus, der Tisch sind dauerhaft in die Umwelt externalisierte Verhaltenseinheiten – kulturelle Artefakte. Umweltinduktion ist bei in KE viel häufiger als in BE und IE und erfüllt im Grunde den gleichen Zweck wie immer: Ressourceneinsparung und Optimierung der Transmissionsprozesse. Durch den Übergang vom verkörperten zu symbolisch-basierten Verhalten, ist dieser Prozess viel kopiergenauer und schneller geworden (s. o. 2.3.), durch die Möglichkeit der Speicherung in externe Artefakte, haben die Strukturen eine erhöhte Langlebigkeit. Cathys kulturelle Umwelt, in der sie sich momentan befindet, ist also nur denk- und verstehbar, wenn man erkennt, dass zuvor viele Menschen memetisch erworbenes Verhalten in physikalische Artefakte, die dann wiederum unzählige Male behavioral reproduziert wurden, externalisiert haben.

Schlussbetrachtung und Forschungsausblick

Die vorliegende Arbeit, der eine interdisziplinäre Motivation zugrunde lag, beschäftigte sich insbesondere mit den Mikro-Mechanismen innerhalb der kulturellen Evolution. Verschiedene Theorien wurden auf diesen Zweck hin untersucht und in die Argumentation mit aufgenommen. Was die Arbeit gezeigt hat ist, denke ich, dass es durchaus sinnvoll ist, in einem theoretischen Rahmen von einer echten kulturellen Evolution auszugehen, dass innerhalb menschlicher Kultur also Entwicklungen stattfinden, welche die Vorraussetzungen für einen evolutionären Prozess erfüllen. Was die Arbeit selbstverständlich nicht gezeigt hat – und auch nicht zeigen wollte – ist, ob es mittels dieser evolutionstheoretischen Beschreibungen allein möglich ist, die gesamte menschliche Kultur theoretisch zu erklären. Neben evolutionären spielen mit Sicherheit auch anders geartete Entwicklungsprozesse in menschlichen Gesellschaften eine bedeutende Rolle.

Die Grundeinheiten dieses kulturellen Evolutionsprozesses, das was wirklich evoliert, sind weder Menschen noch deren Gedanken und Überzeugungen. Die KE besteht vielmehr aus evolvierenden Verhaltenseinheiten, den Memen. Es zeigte sich, dass der Begriff des Mems nur unter der Auflage klarer empirisch überprüfbarer Identitätskriterien zur Hypothesengenerierung zu einem echten theoretischen Begriff werden kann, welcher für die Erforschung der Kultur ein bestimmtes Maß an Relevanz aufweist. Andernfalls bleibt er eine ideelle und damit spekulative Entität. Meme etwa in Gehirnen oder dem Geist von Personen verorten zu wollen, wie es eine erhebliche Mehrheit vergangener Betrachtungen taten, ist aus zweierlei Gründen nicht sinnvoll. Erstens ist jedes individuelle Gehirn bezüglich derart spezieller und feinkörniger Information anders strukturiert, da es eine jeweils andere ontogenetische Geschichte durchlief. Zweitens würde sich der Fokus der Aufmerksamkeit in einem relevanten Sinne dahingehend verändern, dass sich bei einer internen Definition von Memen das Explanandum nicht mehr im Bereich der Kultur, sondern eher im Bereich psychologischer Phänomene befände. Ein weiterer Vorteil der behavioralen Definition ist die Tatsache, dass Verhalten im Unterschied zu neuronaler Information oder mentalen Zuständen beobachtbar ist. Bezüglich neuronaler Information fällt die Beobachtung wesentlich schwerer, in Bezug auf mentale Phänomene ist sie gänzlich unmöglich. Empirische Untersuchungen sind jedoch in einem sehr starken Sinne auf Beobachtungen angewiesen.

Ein Mem ist demnach eine funktionale Struktur innerhalb des möglichen sozialen Verhaltensrepertoire, zu welchem Menschen als Kulturschaffend befähigt sind. Diese evolvierten Strukturen wurden im Laufe vieler memetischer Generationen positiv oder negativ selektiert und durchliefen innerhalb dieser Selektionsgeschichte zahlreiche Stadien der Variation. In der KE kommt das Phänomen der *gerichteten Variation* sehr häufig vor, da Menschen im Allgemeinen dazu neigen, erworbene Informationen zu interpretieren, selbige also mental zu repräsentieren, und dann in wiederholter Weise verschiedene Formen von Metarepräsentationen zu bilden. Dieses Faktum markiert einen grundsätzlichen Unterschied zur BE. Inhalt und Form der repräsentierten Information variieren kulturell innerhalb bestimmter Tendenzen, i.d.R. in Richtung psychologisch attraktiverer Möglichkeiten (Attraktoren), welche auf statistischem Wege zu ermitteln sind. Da Menschen über bestimmte Dispositionen – diese sind sowohl biologischer als auch psychologischer Art – bestimmte Inhalte auf diese oder jene Weise zu kommunizieren, finden sich Verhaltensähnlichkeiten und damit kulturelle Stabilität bzw. institutionelle Pfadabhängigkeit in allen Gesellschaften der Welt. Andererseits kann durch Veränderung der memetischen Selektionsparameter, dem Verschwinden oder der Verschiebung kultureller Attraktoren – auch die in allen Gesellschaften immer wieder auftretende soziale Instabilität erklärt werden und vielleicht wird es sogar einmal möglich sein, mehr oder weniger treffende Voraussagen über selbige machen zu können. Dies steht allerdings weit jenseits der Möglichkeiten dessen, was eine metatheoretische philosophische Untersuchung leisten kann und soll. Es sei noch erwähnt, das nicht nur psychologische (gerichtete) sondern auch ökologische (kontingente) Faktoren der KE eine Richtung geben und sie so zu einem *quasiteleologischen* Prozess werden lassen, in dem (anders als in der BE) nicht nur die Selektionsparameter, sondern auch die Variationen richtungsbestimmend sind. Dies führt zu einer enormen Beschleunigung des Prozesses als Ganzem. Das im letzten Kapitel von mir erarbeitete *Mehrebenenmodell* der verallgemeinerten Evolutionstheorie bildet all diese Erkenntnisse in einem metatheoretischen Modell gemeinsam ab. Ausgegangen wird von drei explanatorisch bedeutsamen evolutionären Beschreibungsebenen, der biologischen, der psychologischen und der kulturellen. Es zeigt sich, dass sich ordnungsbildende Unterscheidungen wie die zwischen *Genotyp* und *Phänotyp* auf jeder Ebene einführen lassen (auf der kulturellen werden sie als *Memotyp* und *Soziotyp* bezeichnet) und die Ebenen ein hohes Maß an Interdependenz aufweisen, ohne dabei allerdings zu verschwimmen. Auf der biologischen Ebene evolvieren Gene, auf der psychologischen evolvieren Hirnzustände, auf der kulturellen sind es Meme. Innerhalb der biologischen Evolution ist die Entwicklung der Gene, bzw. deren Ausdifferenzierung in einen bestimmten Phänotyp allerdings kein starrer und auf deterministische Art und Weise festgelegter Prozess, wie jüngste Ergebnisse zeigen. Epigenetische Regulation spielt eine sehr zentrale Rolle und die Forschung ist erst dabei, die enorme Bedeutung der *Epigenetik* bei der Konstruktion eines Organismus zu verstehen. Da sich bereits jetzt Ergebnisse andeuten, die belegen, dass epigenetische Faktoren *erblich* sind, muss das alte darwinistische Paradigma – erworbene Eigenschaften werden nicht vererbt – wahrscheinlich aufgegeben werden. Da Meme, funktional gesehen, eine den Genen analoge Struktur aufweisen, wurde in dieser Arbeit der Begriff der *epimemetischen Regulation* kultureller Inhalte eingeführt. Epimemetische Faktoren werden u. a. mit bestimmten kognitiven Phänomenen, im besonderen der Gerichtetheit psychologischer Interpretationen oder Aspekten der *verhaltensorientierten sozialen Kognition* identifiziert. Allerdings wirken sich auch nicht-kognitive Faktoren, wie etwa die Umwelt, auf den Prozess der kulturellen Weitergabe von Verhaltensweisen aus; auch diese ökologischen Kausalfaktoren gehören zur epimemetischen Regulation. Durch die Einführung dieses Begriffes wird zweierlei erreicht. Erstens wird damit ein drohender Dualismus, eine unüberwindbare Trennung zwischen Kultur und Kognition vermieden, da die Untersuchung sozialer Systeme auf diese Weise auch immer eine Untersuchung epimemetischer Faktoren (welche ihrerseits nicht randomisiert, sondern u. a. von Psychologie, Neuro- und Kognitionswissenschaften studiert und im Hinblick auf ihre Relevanz, das soziale Verhalten betreffend, kategorisiert werden können) ist. Zweitens wird auf diese Weise deutlich, dass die „Memetik", das Studium der KE, ein interdisziplinäres Projekt zu sein scheint, ähnlich wie die Kognitionswissenschaften. Das Erstellen mathematischer Modelle spielt dabei eine ebenso große Rolle wie die Empirie. Experten aus verschiedensten Disziplinen bietet sich so die Möglichkeit, gemeinsam die Phänomene zu erklären, die wir gemeinhin als „Kultur" bezeichnen. Der Philosophie fiele dabei wohl die primäre Aufgabe zu, möglichst exakte Definitionen der zu untersuchenden Begriffe zu erarbeiten. Die vorliegende Arbeit stellt einen Versuch in diese Richtung dar.

Abbildungs- und Literaturverzeichnis

Adams, F. & *Aizawa, K.* (2010): *Defending the bounds of cognition*, in: Menary (Hrsg.), Cambridge, 67–81.

Barkow, J. (2006): *Vertical/Compatible Integration versus Analogizing with Biology* (comment to Mesoudi, Whiten & Laland 2006), Behavioral and Brain Science 29, 348f.

Basalla G. (1988): *The Evolution of Technology*, Cambridge.

Bauer, G.B, & *Johnson, C.M.* (1994): *Trained motor imitation by bottlenose dolphins, in Perceptual and Motor Skills*, Vol. 79, 1307–1315.

Bartels, Andreas (2005): *Strukturale Repräsentation.* Paderborn.

Beckermann, A. (2000): *Analytische Einführung in die Philosophie des Geistes*, Berlin.

Bennett, M. R. & *Hacker, P.* (2010): *Die philosophischen Grundlagen der Neurowissenschaften*, Darmstadt.

Blackmore, S. (2003): *Evolution und Meme: Das menschliche Gehirn als selektiver Imitationsapparat*, in Becker et al. (Hrsg.), 49–89.

Blackmore, S. (2005): *Die Macht der Meme oder die Evolution von Kultur und Geist*, München.

Breil, R. (2011): *Die Grundlagen der Naturwissenschaft – Zu Begriff und Geschichte der Wissenschaftstheorie*, Würzburg.

Boyd, R. & *Richerson, P.J.* (1985): *Culture and the Evolutionary Process*, Chicago: University of Chicago Press.

Boyd, R. & *Richerson, P.J.* (2000): *Memes: Universal acid or a better mousetrap?*, in R. Aunger (Hrsg.). Darwinizing Culture: The Status of Memetics as a Science, (pp. 143–162). Oxford: Oxford University Press.

Brown, M. J. (2008): *Explaining Culture Scientifically*, University Washington Press.

Bryne, R.W. & *Russon, A.* (1998*): Learning by Imitation: a hierachical approach*, Behavioral and Brain Sciences, Vol. 21, 667–721.

Bryant, J. (2004): *An Evolutionary Social Science?*, Philosophy of the social Sciences Vol. 34/4, 451–492.

Buss, D. (2003): *Evolutionspsychologie – ein neues Paradigma für die psychologische Wissenschaft?*, in Becker et al. (Hrsg.), 137–227.

Cartwright, N. (1983): *How the Laws of Physics Lie*, Oxford.

Campbell, D. T. (1965). *Variation and selective Retention in Socio-Cultural Evolution*, in: Barringer, H. et al. (ed.): Social Change in Developing Areas: A Reinterpretation of Evolutionary Theory, 19–49. Cambridge.

Campbell, D.T. (1974): *Evolutionary Epistemology*, in: Schiller (Hrsg.), The Philosophy of Karl Popper, La Salle.

Causey, R. (1977): *The Unitiy of Science*, Dordrecht.

Cavalli-Sforza, L. & Feldman, M (1981): *Cultural Transmission and Evolution: A Quantitative Approach*. Princeton.

Cavalli-Sforza, L. (2001): *Genes, Peoples and Languages*, London.

Changeux, J.P. (2005): *Genes, Brains and Culture: From Monkey to Human*, in: Dehaene et. al.: From Monkey Brain to Human Brain, MIT Press.

Chomsky,Noam (1968): *Language and Mind*, New York.

Churchland, P. & Sejnowski, T. (1992): *The Computational Brain*, MIT Universitiy Press.

Colman, A. (2009): *Social cognition*, in: a Directory of Psychology, Oxford University Press, New York.

Cummins, R. (1975): *Functional Analysis*, Journal of Philosophy 72/20, 741–764.

Damasio, A. R. (1997): *Descartes' Irrtum : Fühlen, Denken und das menschliche Gehirn*, München.

Darwin, C. (2007 [1859]): *Die Entstehung der Arten durch natürliche Zuchtwahl*, Neumann, C. (Übers.), Ditzingen.

Dawkins, R. (1982): *The extended Phenotype*, Oxford.

Dawkins, R. (2007 [1976]): *Das egoistische Gen*, Heidelberg.

Delius, J. (1989): *Of Mind Memes and Brain Bugs, a Natural History of Culture*, in: Koch (Hrsg.), The Nature of Culture, 26–79, Bochum.

De Jaeger, H. & Di Paolo, E. & Gallagher, S. (2010): *Can social interaction constitute socal cognition?* In: TICS 14/10, 441–447.

Dennett, D.C. (1995): *Darwin's Dangerous Idea*, London.

Dennett, D.C. (1998): *The Intentional Stance*, Cambridge.

Descartes, R. (2008 [1641]): *Meditationen über die Erste Philosophie*, Ditzingen.

Durham, W. H. (1991). *Coevolution: Genes, Culture, and Human Diversity.* Stanford: Stanford University Press.

Edelmann, G. (1993): *Neural Darwinism: Selection and Reentrant Signaling in Higher Brain Function,* in: Neuron, Vol. 10, 115–125, New York.

Eder, K (2004): *Kulturelle Evolution und Epochenschwellen,* in: Jaeger & Liebsch (Hrsg.), Handbuch der Kulturwissenschaften Bd. 1, Stuttgart.

Friston, Karl (2011): *Embodied Inference or „I think therefore I am if I am what I think"* in: Bergomi, C. & Tschacher, W. (Hrsg.): The Implications of embodiement, cognition and communication, 89–129, Imprint Academic.

Gabora, L. (1997): *The Origin and Evolution of Culture and Creativity,* in: Journal of Memetics 1: http://cfpm.org/jom-emit/1997/vol1/gabora_l.html

Gatherer, D. (1998): *Why the thought contagion metaphor is retarding the progress of memetics,* in: *Journal of Memetics* 2: http://jom-emit.cfpm.org/1998/vol2/gatherer_d.html.

Hoenigswald, H. & Wiener, L.S. (1987): *Biological metaphor and cladistics classification,* Francis Pinter Publishers.

Heidegger, M: (2006): *Sein und Zeit.* Tübingen.

Heyes, C.M. (1993): *Imitation, culture and cognition,* in: Animal Behavior, Bd. 46, 999–1010.

Hofkirchner, W. & Schafranek, M. (2011): *General System Theory,* in: Philosophy of Complex Systems, Hooker, C (Ed.), Elsevier, S. 177–194.

Hohwy, J. (2012): *Attention and conscious perception in the hypothesis testing brain,* in: Frontiers in Psychology, 3/96. www.frontiersin.org

Hull, D.L. (1982): *The naked Meme,* in Plotkin (Hrsg.), Learning, Development and Culture, Chichester, 19–50.

Hunter, G. (1996): *Metalogic,* University of California Press, Berkeley.

Hurley, S.L. (Hrsg., 2005): *Perspektives on Imitation – from Neuroscience to Social Science,* Cambridge MIT-Press.

James, W. (1883), *Great Men, Great Thoughts, and the Environment,* Atlantic Monthly, 66: 441–459.

Kaati, G. et al. (2002): *Cardiovascular and Diabetes Mortality determined by Nutrition during Parents and Grandparents*, in: European Journal of Human Genetics 10, 682–688.

Kronfeldner, M. (2005): *Darwinism, Memes, and Creativity – A Critique of Darwinian Analogical Reasoning From Nature To Culture*, Inaugural-Dissertation zur Erlangung der Doktorwürde im Fach Philosophie der Philosophischen Fakultät I der Universität Regensburg: http://nbn-resolving.de/urn/resolver.pl?urn=urn:nbn:de:bvb:355-opus-8015.

Kronfeldner, M. (2009): *Meme, Meme, Meme: Darwins Erben und die Kultur*, in: Philosophia Naturalis, 46/1: 36 – 60.

Kant, Immanuel (1977): *Kritik der Urteilskraft.* (daraus: § 83, Von dem letzten Zwecke der Natur als eines teleologischen Systems). Akademie-Ausgabe Bd. 10, S. 387.

Lenzen, M (2002): *Natürliche und künstliche Intelligenz*, Frankfurt.

Lumsden, C.J. & Wilson, E.O. (1981): *Genes, Mind and Culture*, Harvard/ Cambridge.

Maturana, H. & Varela, F. (1987): *Der Baum der Erkenntnis*, München.

Mayr, E. (1982): *The Growth of Biological Thought*, Harvard.

McNamarra, A. (2011): *Can we measure memes?* In: Frontiers in Evolutionary Neuroscience, Vol. 3/1.

Menary, R. (2007): *Cognitive Integration*, Hampshire.

Menary, R. (2010): *The Extended Mind*, MIT University Press.

Merz, Peter (2000): *Memetic Algorithms for Combinatorial Optimization Problems: Fitness Landscapes and Evective Search Strategies*, Fachbereich Elektrotechnik und Informatik der Universität-Gesamthochschule Siegen zur Erlangung des akademischen Grades Dr.-Ing.

Mesudi, A., Whiten, A. & Laland, K. (2006): Towards a Unified Science of Cultural Evolution, in: Behavioral and Brain Science 29, 329–347.

Metzinger, T. (2009): *Der Ego Tunnel*, Berlin.

Metzinger, T. (Hrsg., 2010): *Grundkurs Philosophie des Geistes – Band I-III*, Paderborn.

Millikan, R.G. (1984): *Language, Thought and other Biological Categories*, Cambridge.

Millikan, R.G. (2003): *Vom angeblichen Siegeszug der Gene und Meme*, in: Becker et al. (Hrsg.), 90–111.

Millikan, R.G. (2008): *Die Vielfalt der Bedeutung*, Frankfurt a.M.

Ming, G.L. & Song, H. (2005): *Adult neurogenesis in the mammalian central nervous system*, in: Annual review of neuroscience, 28, 223–250.

Molinier, J. et al. (2006): *Transgenerational Memory of Stress in Plants*, in: Nature 442, 1046–1049.

Morgan, H. et al. (1999): *Epigenetic Inheritance and the Agouti Locus in the Mouse*, in: Nature Genetics 23, 314–318.

Nanay, B. (forthc.): *Empirical problems with anti-representationalism*, in: Brogaard, B. (ed.): Does Perception have Content? New York: Oxford University Press.

Neander, K. (1991): *Functions as selected effects: The Conceptual Analyst's Defense*, in: Philosophy of Science 58, 168–184.

Neirynck, J. (1998): *Der göttliche Ingenieur: Die Evolution der Technik*, Renningen-Malsheim.

Over, D.E. (2003): *From Massive Modularity to Metarepresentation* – the Evolution of Higher Cognition, in: Over (Hrsg.), 121–144.

Pagel, M. (2000): *The History, Rate and Pattern of World Linguistic Evolution*, in Knight et al. (Hrsg.), 391–416.

Pinker, S. (1994): *Der Sprachinstinkt*, München.

Place, U.T. (1956): *Is consciousness a brain process?*, in: British Journal of Psychology, 47, 44–50.

Plotkin, H. (1993): *Darwin Machines and the Nature of Knowledge*, Cambridge.

Plotkin, H. (2000): *Culture and Psychological Mechanisms*, in Aunger (Hrsg.) 69–82.

Popper, K. (1973): *Objektive Erkenntnis*, Hamburg.

Ridley, M. (1993): *Evolution*, Oxford.

Russell, B. (1975): *Philosophie des Abendlandes- Ihr Zusammenhang mit der politischen und der sozialen Entwicklung*, Wien.

Ryle, G. (1949): *The Concept of Mind*, Chicago.

Salomon, S. (1992): *Prairie Partimony: Family, Farming and Community in the Midwest*, Univers. of North Carolina Press, Chapel Hill.

Schirren, T. & Zinsmaier, T. (2003): *Die Sophisten*, Stuttgart.

Schurz, G. (2001): *What is `Normal`?, An Evolution-Theoretic Foundations of Normic Laws and their Relation to Statistic Normality*, Philosophy of Science 28, 476–494.

Schurz, G. (2004): *Normic Laws, Nonmonotonic Reasoning and the Unity of Science*, in: Rahmann et. Al. (Hrsg.), Logic, Epistemology and the Unity of Science, Dordrecht, 181–211.

Schurz, G. (2011): *Evolution in Natur und Kultur – eine Einführung in die verallgemeinerte Evolutionstheorie*, Heidelberg.

Searle, J. (1995): *The Construction of Social Reality*, New York.

Smolin, L. (1997): *The Life of the Cosmos*, Oxford University Press, New York.

Steinhauer, D. & Holland, J.J. (1987): *Rapid evolution of RNA viruses*. in: Annual Revue in Microbiology, 41, 409–33.

Sperber, D. (1996): *Explaining Culture*, Oxford/Malden.

Sperber, D. & Claidiére, N. (2008): *Defining and Explaining Culture*, in: Biology and Philosophy, 23, 283–292.

Sperber, D. (2000): *An Objection to the Memetic Approach to Culture*, in Robert Aunger (Hrsg.) *Darwinizing* Culture: The Status of Memetics as a Science, Oxford University Press, 163–173.

Steels, L. (2011): *Modeling the cultural evolution of language*, in: Physics of Life Reviews 8, 339–356.

Stich, S. (1992): *What is a Theory of Mental Representation?* in: Mind 101: 243–261.

Tomasello, M. (1999): *The Cultural Origins of Human Cognition*, Harvard University Press, Cambridge.

Thompson, E. & Stapleton (2009): *Making sense of sense making: Reflections on enactive and extended mind theories*, in: Topoi 28 (1).

Tooby, J. & Cosmides, L. (1992): *The Psychological Foundations of Culture*, in: Barkow, Cosmides and Tooby (Hrsg.), 19–136.

Tylor, E. B. (1958 [1871]): *Primitive Culture – The Origins of Culture*. New York: Harper & Row.

Varela, F., Thompson, E. & Rosch, E. (1991): *The embodied Mind*. MIT University Press.

Williams, G. (1966): *Adaptation and Natural Selection*, Princeton University Press, Princeton.

Wegner, F. (2001): Memetik, KFVR Gladbeck.

Whiten, A. & *Ham, R.* (1992): *On the nature and evolution of imitation in the animal kingdom*, in: Advances in the study of behavior, Bd. 21, S. 239–283.

Wilson, E.O. (1998): *Die Einheit des Wissens*, Berlin.

Wolf, A. (2008): *Cultural Evolution and Uxorilocal Marriage in China*, in Brown (Hrsg.), 232–252.

Wittgenstein, L. (2001 [1953]): *Philosophische Untersuchungen*. Kritisch-genetische Edition, Schulte, Joachim (Hrsg.), Frankfurt.

Wuketis, F. (1997): *Soziobiologie*, Spektrum akademischer Verlag, Heidelberg.

Links

Aristoteles: Physik. Leipzig [1829], S. 26–30: http://www.zeno.org/Philosophie/M/Aristoteles/Physik/2.+Buch/1.+Capitel

Journal of memetics: http://cfpm.org/jom-emit/all.html

Weicker, Einführung in evolutionäre Algorithmen: http://www.imn.htwk-leipzig.de/~weicker/publications/sctreff_ea.pdf

Grant (1990): memetic lexicon http://www.emacswiki.org/alex/meme.html

Abbildungsverzeichnis

Philosophische Grundlagen der Wissenschaften und ihrer Anwendungen
Philosophical Foundations of the Sciences and Their Applications

Herausgegeben von / Edited by Gerhard Schurz

www.peterlang.com

www.ingramcontent.com/pod-product-compliance
Lightning Source LLC
Chambersburg PA
CBHW031542260326
41914CB00002B/222